本书出版受国家自然科学基金青年科学基金项目“基于消费者行为的线上零售商 O2O 渠道拓展及整合策略研究”（批准号：71902079）、教育部人文社会科学研究青年基金项目“基于顾客退货行为的在线零售商体验渠道策略与协调机制研究”（批准号：19YJC630067）、江西省教育科学“十三五”规划2020年度重点课题“‘双一流’建设语境下的地方高校专利成果转化模式研究”、2019年江西省“双千计划”首批培养类项目“面向新零售的全渠道设计与渠道整合策略研究”的资助。

在线零售商运营决策

基于消费者退货行为的分析

BASED ON THE PERSPECTIVE OF CUSTOMER RETURNS

金亮 著

摘　要

本书从在线零售商和消费者行为视角，研究消费者退货情形下在线零售商运营管理问题，建立了不同情形下在线零售商或者在线零售供应链博弈模型，考察了消费者退货行为对在线零售商运营决策和供应链合作的影响。本书研究形成的模型、理论方法和运作策略对在线零售商的运营管理实践提供了系统性建议。

首先，考虑消费者在线上购买产品时对产品的不确定性以及可能的退货行为，根据消费者理性预期假设和效用理论，构建了消费者预期效用函数和产品需求函数，建立了不同消费者退货情形下的两阶段动态博弈模型，分析了消费者退货行为对在线零售商定价、促销以及退款保证策略的影响。研究结果表明，在线零售商需要根据其退货损失来调整产品零售价格，有可能会实施高价策略；如果在线零售商向消费者提供退款保证服务，消费者可能要为此支付额外的溢价，产品需求降低，消费者剩余提高，但此时在线零售商获得的利润并不一定降低。

其次，针对由在线零售商与制造商组成的O2O供应链系统，考虑在线零售商引入O2O渠道为消费者提供产品体验服务，分别构建了不同渠道情形下的O2O供应链博弈模型，研究了在线零售商定价、O2O渠道策略以及供应双方合同设计问题，进而分析了在线零售商 O2O 渠道的可行条件及其对消费者购买行为和退货行为的影响。研究结果表明，在线零售商引入 O2O 渠道有利于增加产品需求，降低产品退货率，但不一定对 O2O 供应链系统有利；O2O 渠道策略还能有效提升制造商的利润水平和消费者剩余，且较高的产品退货率和在线零售商供应链主导权均能增加在线零售商引入 O2O 渠道的动机。

最后，考虑到在线零售商与第三方体验店合作，研究了道德风险和逆向选择下在线零售商佣金契约设计问题，考察了体验店服务水平对消费者行为的影响，分析了在线零售商最优定价与线上推荐策略。研究结果表明，在线零售商可以通过权衡 O2O 供应链系统损失和信息租金来设计佣金契约；双重信息不对称会导致佣金契约参数发生变化，还可能导致在线零售商和 O2O 供应链系统期望利润产生损失，体验店在一定条件下也能获得信息租金；如果体验店的谈判力满足一定条件，则体验店与零售商可以达成信息共享谈判。

关键词： 在线零售商　消费者退货　退款保证　O2O 模式

Abstract

This book analyzes the production and operations management of the online retailer in the presence of customer return, from the perspective of channel choice and consumer returns behavior. Several game model of the online retailer or online retail supply chain are established, respectively. On this basis, we analyze the impact of the consumer returns on the online retailer's operational decision and the coopetition relationship between cooperate partners. Through the studies of operations management strategies of online retailers, the models, theoretical methods and operational strategies supplies the theoretical basis and decision reference for the online retailers' operation management practice.

Firstly, we consider the product can meet or not expectations before receiving it cannot be certain and the consumer returns behavior. According to the consumer rational expectation hypothesis and utility theory, we established the consumer expected utility function and product demand function, respectively. Then, several types of two-stage dynamic game model in this section are established. We analyzed the impacts of the consumer returns on the online retailer's pricing, promotion strategies and money-back guarantee. The results show that, when the online retailer's loss of the product returns satisfy several conditions, the consumer returns can increase the retail price. Moreover, online retailer offers a money-back guarantee, which allows customers to return products that do not meet their expectations to the retailer for a full refund. The money-back guarantees strategy online retailers provide can effectively increase the price when the return cost of consumers is relatively low, and its can always decrease demand and increase consumer surplus, but not necessarily increase the online retailer's profit.

Secondly, this section analyzes the optimal pricing policies, O2O channel strategies and contracts design within an O2O supply chain that consists of an online retailer and a manufacturer. Two benchmark models in single-channel and in O2O channel scenarios are established, respectively. With the solutions, we derive the optimal profit of O2O supply chain and the equilibrium pricing, demands, profits under each channel structure for each supply chain participant. On this basis, we analyze the effects of O2O channel strategy on the equilibriums and consumer returns behavior. The results show that, the introduction of the O2O channel can increase the products demand and decrease product return rates. But it may not increase the performance of O2O supply chain. Moreover, the introduction of the O2O channel can increase the manufacturer's profit and consumer surplus, and the product return rate and the retailer's leadership motivates the online retailer to encroach.

Finally, we consider the case in which both the experience service level and the experience service cost are considered as the showroom's private information, and incentive mechanisms are designed under both the adverse selection and moral hazard. Moreover, we analyzed the impacts of the experience service on the consumer behavior, online retailer's optimal pricing and online referral strategy. The results show that, the online retailer could optimize the incentive contracts under asymmetric information by balancing the trade-off between the loss of the supply chain's profit and the information rent. The existence of asymmetric information can decrease the expected profits of the online retailer and the O2O supply chain. For this, when the showroom's bargaining power satisfies several conditions, the showroom will reveal the private information voluntarily and share the supply chain's profit with the retailer.

Keywords: Online Retailer; Consumer Returns; Money-Back Guarantee; O2O Mode

目 录

第一章　绪论

一　本书的研究背景

近年来，电子商务继续保持高速发展的态势，据市场调研机构 eMarketer 估计，2018 年全球电商零售额达 2.5 万亿美元，并预计到 2020 年将增长至 4.1 万亿美元，线上购物已成为消费者最主要的购物方式之一。而我国的电商规模远大于其他国家，商务部数据显示，2018 年我国电商零售额超过 9 万亿元，同比增长 25.4%，对社会消费品零售总额增长的贡献率达到 45.2%。电子商务已经成为我国市场交易的重要组成形式，如 2018 年“双十一购物狂欢节”仅天猫和京东的交易额就达 3733 亿元。

图 1－1 展示了 2015～2020 年全球电商零售市场交易规模及发展趋势，图 1－2 展示了 2013～2018 年中国电商零售市场交易规模。根据图 1－1 和图 1－2 可以发现，电商零售市场规模持续扩大。随着电商的高速发展，以阿里巴巴、京东、亚马逊等为代表的在线零售商得到飞速发展，其中阿里巴巴和京东一共占有了中国 80% 的电商市场份额，亚马逊占有了美国 70% 的电商市场份额。但由于线上购物缺少实物体验，易导致消费者收到的产品与其预期不匹配，造成在线零售商较高的产品退货率（Griffis et al.，2012；Akçay et al.，2013），有研究表明，电商平均退货率

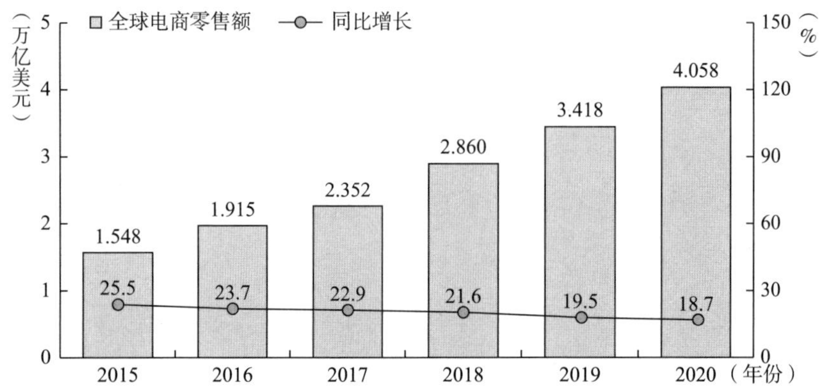

图 1－1　2015～2020 年全球电商零售市场交易规模及发展趋势

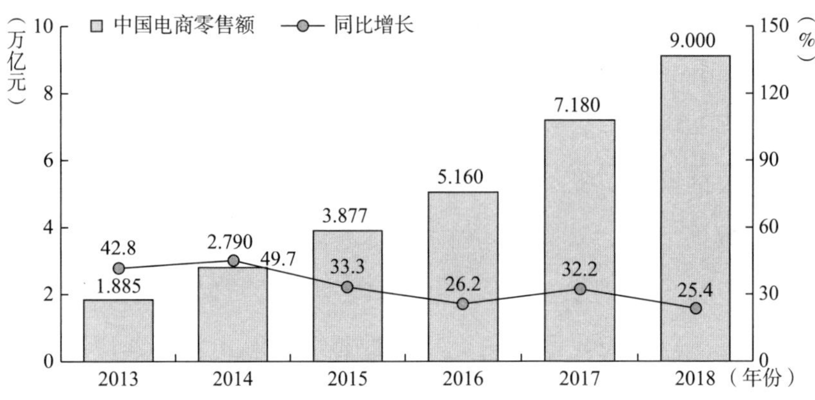

图 1－2　2013～2018 年中国电商零售市场交易规模

达 22%（Rao et al.，2014），部分产品退货率甚至高达 35%，给在线零售商造成巨大损失（Guide et al.，2006）。因此，在运营决策过程中，如何应对消费者退货或缓解产品退货的不利影响成为在线零售商亟待解决的问题，这对于确保和推动在线零售商发展具有重要意义。

面对消费者退货行为以及较高的产品退货率，在线零售商需要及时了解消费者的习惯、需求与消费趋势，调整运营决策，为消费者提供更精准的服务和产品，提高自身绩效水平。与此同时，为缓解较高产品退货率的不利影响，特别是近年来信息技术（特别是互联网和移动互联网）、电子支付手段和第三方物流的日趋完善和广泛运用，除了原有的 B2B、B2C、C2C 等模式之外，O2O 模式受到在线零售商的高度重视，其将 O2O 视为未来重要的发展战略。例如，阿里巴巴组建了 O2O 事业群，将 O2O 提升至集团战略层面，提出了“千军万马”和“四通八达”的 O2O 战略构想；京东成立了 O2O 事业部，将 O2O 作为其未来的重点发展战略；亚马逊在美国和英国也有相应的 O2O 实践，如推出自助包裹储物柜 Amazon Locker 和 Amazon Hub、开辟线下实体店 Amazon -4 star 等。

在线零售商运营决策的调整和 O2O 模式的选择，改变了消费者的消费需求和习惯、在线零售商的渠道结构和运作流程（Blom et al.，2017），使得在线零售商的决策过程及其与供应链其他成员企业之间的竞合博弈关系变得更为复杂。不同企业间的协同决策难度增大，易导致上下游企业间利益冲突以及供应链系统的决策激励失调。基于此，面对消费者产品购买与退货行为，在线零售商运营过程中需要有效满足消费者在消费场景、消费体验、消费内容等多方面的个性化需求，需要综合考虑渠道偏好、跨渠道购买等对消费者退货行为的影响，需要在线零售商与其他供应链成员企业在需求、服务能力、产品定价、库存、物流配送等方面的高度协同。因此，基于消费者退货行为分析的视角，在线零售商运营决策还存在许多问题亟待研究和解决。

首先，消费者在线上购物时不能对产品有所体验，使得消费者收到的产品有可能与其预期不符，从而导致较高的退货率。在线零售商的价格、促销、退款保证等决策能够在一定程度上刺激需求，但产品销量增加也会导致产品退货量增加；同时，在线零售商在与供应链上游制造商/供应商合作时，其运营决策会影响制造商/供应商的决策，且消费者退货信息为其私有信息，这就使供应链合作激励变得复杂，易导致决策激励失调。由此可见，面对消费者退货行为，在线零售商在调整自身运营决策的过程中，还需要考虑与供应链其他成员企业的利润分配问题。因此，基于消费者退货行为的视角，如何调整定价、促销、退款保证等运营决策是在线零售商亟待解决的问题。

其次，在线零售商引入 O2O 渠道，通过 O2O 模式来缓解消费者对产品是否符合其需求的不确定性，此时消费者购买行为会发生变化，并影响在线零售商的运营决策；同时，在线零售商与制造商/供应商之间还会存在不同的主导权结构，这可能会加剧供应链决策激励失调，并导致供应链系统绩效损失。由此可见，O2O 渠道引入虽然能在一定程度上缓解消费者退货行为，但也会给在线零售商产品销售过程添加新的环节，这就存在利益分配问题，若在线零售商设计的契约无法达到对其他供应链成员企业的有效激励，O2O 模式也会失去其意义。因此，在 O2O 模式下，在线零售商如何策略性地拓展 O2O 渠道策略以及调整供应链利润分配机制是需要研究和解决的问题。

最后，考虑在线零售商委托第三方体验店来为消费者提供产品体验服务，体验店的服务水平会影响消费者的购买方式选择，进而影响产品退货率；同时，不仅在线零售商难以观测到体验店提供的体验服务水平，而且体验店的体验服务成本也为其私有信息，道德风险和逆向选择的存在会增加零售商激励契约设计以及激励体验店提高服务水平的难度。此外，消费者需求特征的多样性和差异性加剧了产品需求的不确定性，因而体验店的体验服务也成为进一步提升需求和降低产品退货率的有效途径。因此，如何设计有效的激励机制和加强对体验店服务投入水平的激励，成为O2O模式下在线零售商运营决策中另一个值得研究的问题。

综上所述，本书基于在线零售商视角，以“在线零售商运营决策——基于消费者退货行为的分析”为题，研究在线零售商的运营决策及其对供应链、消费者行为的影响，以期对在线零售商运营管理实践提供理论和方法指导。

二　本书的研究意义

本书针对在线零售商如何增强供应链协同效应和运营效率，以及如何缓解产品退货问题，展开在线零售商定价、退款保证、O2O渠道拓展、合同设计等研究，具有以下研究意义。

（1）基于消费者效用理论来研究在线零售商运营决策问题，为在线零售商运营管理研究提供有效的理论基础和分析框架，丰富和发展现有有关消费者行为、渠道管理等方面的理论。

有关在线零售商运营决策的研究已取得一些成果，较多文献揭示了消费者退货行为对在线零售商决策和绩效的影响，或研究O2O模式对消费者购买行为、企业决策等的影响。本书采用消费者效用理论刻画消费者购买行为、消费者退货行为以及O2O渠道的特征，综合运用博弈论、决策理论、最优化理论等研究在线零售商运营决策问题，不仅可以为在线零售商运营管理研究提供有效的理论基础和分析框架，而且可以丰富和发展现有有关消费者行为、渠道管理等方面的理论。

（2）明确消费者退货行为对在线零售商运营决策的影响，提高在O2O模式下线上、线下渠道协同运营效率，为在线零售商实现更高效的运营管理和渠道协同提供决策参考。

本书的研究来源于实践，是对现实生活中在线零售商运营管理问题的观察和提炼。本书研究形成的模型、理论方法和运作策略对在线零售商减少消费者退货行为以及 O2O 实践具有指导意义，有利于增强线上、线下渠道融合的互补与协同效应，提升在线零售商的运营绩效；并且，通过对在线零售商与制造商/供应商合作策略、O2O 渠道策略等问题的研究，得到了不同主导权结构、不对称信息等现实因素影响下，在线零售商与制造商/供应商之间的合作策略，能为在线零售商渠道整合与协同运营提供指导意见，为 O2O 渠道整合机制的建立提供系统性建议。

（3）为在线零售商的 O2O 实践以及线下实体店的转型发展提供理论依据和决策参考。

2015 年 3 月，全国两会政府工作报告明确指出，要把以互联网为载体、线上线下互动的新兴消费搞得红红火火。本书有关在线零售商 O2O 渠道策略研究的相关理论方法和运作策略，不仅能丰富 O2O 模式或者 O2O 供应链的理论内涵，而且还有利于推动在线零售商 O2O 模式的实施，为在线零售商 O2O 实践提供参考与理论依据。此外，2015 ~ 2016 年，国务院办公厅印发《关于推进线上线下互动加快商贸流通创新发展转型升级的意见》《关于推动实体零售创新转型的意见》等多个文件，明确指出要大力发展线上线下互动，对推动实体店转型，促进商业模式创新，增强经济发展新动力，服务“大众创业、万众创新”具有重要意义；要加快实体零售企业结构调整，创新发展方式，实现跨界融合。本书研究在线零售商与线下体验店之间的合作问题，不仅有利于推动线上线下双方开展战略合作和更好地满足消费者需求，还为推动线下实体店的转型发展提供了理论依据和决策参考。

三 文献评述

根据本书的研究内容，本节将从消费者退货行为和在线零售商运营管理两个方面，综述国内外相关研究现状及发展动态。

1. 有关消费者退货行为的研究

近十年来，随着互联网（移动互联网）的快速普及，在线零售商获得快速发展，却也面临着愈加严峻的产品退货问题。Guide 等（2006）通过对美国零售市场调查，发现传统零售商的产品退货率在 8.1% ~8.7%，而在线零售商的产品退货率相比于传统零售商更高；Shulman 等（2009）、Chiu 等（2011）、Shulman 等（2011）认为消费者在购买前对产品不了解，购买后发现产品与其预期不符而导致较高的产品退货率；其中，Shulman 等（2011）通过市场调查还发现了电子产品的平均退货率达到 19%，甚至部分品类产品退货率高达 35%，给在线零售商造成巨大损失；Rao 等（2014）认为在线零售市场的平均产品退货率高达 22%，但在线零售商通过线下渠道的产品服务能够在一定程度上降低产品退货率；在 Rao 等（2014）的研究基础上，Crocker 和 Letizia（2014）认为制造商和传统零售商可以通过产品信息披露策略来缓解消费者退货行为；陈敬贤等（2016）、Xia 等（2017）考察了传统零售商如何通过店铺辅助服务来降低产品退货率问题，其中陈敬贤等（2016）研究了竞争性零售商如何通过店铺辅助服务来降低产品退货率，发现产品差异化以及不同消费者的退货行为是影响零售商店铺辅助服务投资的重要影响因素；Xia 等（2017）基于供应链背景，研究了传统零售商提供店铺辅助服务的可行条件，以及店铺辅助服务对制造商定价和直销渠道入侵的影响；Shang 等（2019）通过进一步实证分析，认为传统零售商通过提高服务水平能够达到降低产品退货率的目的；Wang 等（2019）通过分析消费者退货行为与产品退货价格、产品订货量之间的影响关系，认为在一定条件下，调整产品订货价格能降低产品退货率。上述文献均认为消费者退货行为会对零售商造成不利影响，而零售商也有动机通过提供不同服务来降低产品退货率，但大多研究的是传统零售商。

随着研究的深入，越来越多的学者开始关注消费者退货行为对企业或者供应链定价、利润的影响。例如，Alptekinoğlu 和 Grasas（2014）研究了消费者退货行为和产品退货政策对零售商产品品类选择决策的影响；陈崇萍和陈志祥（2016）采用退货担保期权来研究不同退货策略的价值，研究了销售商最优定价与退货担保期权价格决策问题；Shang 等（2017）考虑零售商的不同退货政策，研究了消费者退货对零售商定价策略和利润的影响；Wang 等（2017）构建了报童模型来考察消费者退货的影响问题，研究了消费者退货对供应商和销售商定价、订货决策的影响；在此基础上，Wang 等（2019）研究了消费者退货对供应商合同设计和销售商退货政策的影响；Lee 和 Rhee（2018）考虑退货产品可以进行二次销售，研究了零售商最优退货及退货产品二次销售策略；金亮和郝冠淞（2018）考虑消费者退货行为，研究了在线零售商承担企业社会责任对产品定价和促销策略的影响；何莹莹和郭春香（2018）、ülkü 和 Gürler（2018）、王宣涛等（2019）、周振红等（2019）还考虑了消费者策略性购买行为，研究了消费者退货对零售商决策和绩效的影响；上述有关消费者退货行为影响的文献，考虑的均为市场完全垄断情形。

在竞争市场情形下，Balakrishnan 等（2014）、Letizia 等（2018）均考虑了线上和线下渠道竞争因素，其中 Balakrishnan 等（2014）研究了竞争性零售商的产品定价问题；Letizia 等（2018）通过比较不同渠道结构情形下的供应链均衡解，研究了消费者退货对制造商渠道选择的影响；Chen 等（2018）针对由两个差异化竞争零售商组成的寡头垄断市场，结合零售商的定价主导权研究了消费者退货对产品定价决策的影响。此外，还有部分学者综合考虑季节性或易腐产品（Hu et al.，2019；Fu et al.，2019）、随机需求（樊双蛟、王旭坪，2019）、承诺到货期（赵思思等，2019），来考察消费者退货行为的影响。

上述有关消费者退货行为的研究，大多结合其他因素，如市场竞争、随机需求、消费者策略性购买行为、退货产品二次销售等，来考察消费者退货行为对企业或者供应链决策和绩效的影响。然而，大多数文献的研究对象为传统零售商，仅少数学者以在线零售商为研究对象，但其研究的是消费者退货行为的影响。不同的是，本书除了考察消费者退货行为对在线零售商及其上游制造商的定价、产品退货率以及绩效的影响之外，还考虑了企业社会责任、不对称信息等现实因素，考察在线零售商运营决策问题。

2. 有关在线零售商运营决策的研究

在有关在线零售商运营决策研究方面，根据本书的研究内容，以下将从退货策略选择和 O2O 模式等两个方面进行综述。

（1）有关退货策略选择的研究。在已有关于在线零售商退货策略选择的文献中，大多数学者结合不同影响因素来研究在线零售商退货选择，以及不同退货策略对在线零售商决策和绩效的影响问题。Altug 和 Aydinliyim（2016）考虑消费者策略性购买行为以及产品退货行为，研究了在线零售商的最优产品退款决策及其对延期采购决策的影响问题；李建斌和李赟（2016）研究了在线零售商无理由退货政策下的产品定价策略，认为产品质量水平、退货产品残值以及消费者退货成本均会影响在线零售商的利润水平；黄宗盛等（2016）、Chen 和 Chen（2017）均考虑由一个在线零售商和一个传统零售商组成的差异化竞争市场，研究了竞争环境下的退款保证策略选择问题，且通过对比分析了单、双渠道下退款保证策略对竞争性零售商最优定价决策及利润的影响；张旭梅等（2018）考虑在线零售商向消费者提供退款保证服务，研究了在线零售商定价策略与制造商批发合同设计问题；李淑梅等（2018）针对消费者在线上购买产品过程中的退货行为，研究了在线零售商最优定价与退款保证策略；Li 等（2018）考虑一种产品同时通过线上渠道和线下渠道销往市场，研究了退款保证策略选择以及产品歧视定价问题；罗美玲等（2019）考虑了多渠道背景下消费者跨渠道购买行为，研究了零售商提供跨渠道退货服务的可行条件及其对市场均衡的影响。上述有关在线零售商退货策略选择的问题，较多地基于消费者行为研究在线零售商退款保证策略的影响。

此外，还有较多学者以传统零售商为研究对象，如 Mann 和 Wissink（1990）认为退款保证可以降低消费者购买风险，在消费者对产品不满意时获得全额退款；Davis 等（1998）较早研究了退款保证对消费者购买行为的影响；McWilliams（2012）在 Davis 等（1998）研究基础上，考虑寡头垄断情形，认为退款保证有利于低质量企业利润水平的提高，但对于高质量企业不一定有利；Xu 等（2015）针对由制造商和零售商组成的供应链，研究了不同退货策略下供应链协调问题；Hsiao 和 Chen（2015）

认为零售商在一定条件下拒绝消费者退货，反而能提升利润水平；Akçay 等（2013）研究了退款保证对零售商最优定价与订货决策的影响；Huang 和 Feng（2020）针对由制造商和零售商组成的二级供应链，研究了零售商退款保证策略选择及其对产品定价决策的影响问题。上述研究主要聚焦于企业是否应该向消费者提供退款保证服务及其对消费者购买行为和企业绩效的影响等方面。

（2）有关 O2O 模式的研究。随着企业的 O2O 实践，其模式也在不断创新发展，“线上购买，线下消费”作为早期 O2O 的主要形式，以餐饮/住宿、电影/演出、美容洗护、休闲娱乐等团购网站为代表（Wu et al.，2015；刘伟等，2016；He et al.，2016；Bhardwaj and Sajeesh，2017）。而在在线零售商 O2O 实践中，以“线下体验，线上购买”O2O 和“线上购买，线下取货”O2O 两种形式为主（Bell et al.，2014），见表 1－1。其中，在“线下体验，线上购买”O2O 模式中，在线零售商通过开辟线下体验店（即引入线下体验渠道）来展示其线上渠道销售的产品，体验店不设库存，消费者先在线下享受产品或服务体验，然后再将消费者引导至线上渠道进行交易（Bell et al.，2018）。在“线上购买，线下取货”O2O 模式中，在线零售商通过引入“线上购买，线下取货”（Buy-Online-and-Pickup-in-Store，BOPS）渠道来为消费者提供便捷的线下取货服务，消费者在线上下单购买产品后，在线零售商将订单配送到网点（取货点），消费者再到网点取货，其中网点包括便利店、其他门店或自助取货柜等形式（Gallino and Moreno，2017）。

表 1 -1　两种主要 O2O 形式特点

O2O 形式	在线零售商	消费者行为	案例
“线下体验，线上购买” O2O 模式	在线零售商开辟线下体验店，在体验店展示其线上渠道销售的产品，不设库存，仅设样品供消费者体验	消费者在购买产品前，需要决定是否到体验店体验产品。如果消费者选择到体验店体验产品，则会产生交通成本、时间成本等麻烦成本；如果选择不体验而直接购买产品，则需承担可能的退货损失	阿里巴巴的“天猫小店”、京东体验馆“JD SPACE”、亚马逊的“Amazon -4 star”、男士服装电商 Bonobos 以及大量淘宝商家（如膜法世家、茵曼等）的体验店等
“线上购买，线下取货” O2O 模式	在线零售商将线上订单配送到线下网点（或取货点），为消费者提供取货服务。其中，网点包括便利店、其他门店或自助取货柜等形式	消费者在购买产品时，需要选择配送方式，即选择送货上门还是线下自提。如果消费者选择送货上门，则需要支付产品订单配送费/运费；如果选择线下自提，则会产生线下取货的交通成本、时间成本等麻烦成本	亚马逊的自助包裹储物柜 Amazon Locker 和 Amazon Hub；京东自建的京东便利店；阿里巴巴与沿街的商铺、便利店的合作等

在“线下体验，线上购买”O2O 模式中，在线零售商在体验店展示产品，不设库存，仅供消费者体验，已有相关研究主要聚焦于该模式对消费者行为、在线零售商决策和利润的影响。例如，Bell 等（2014）基于男士服装电商 Bonobos 和眼镜电商 Warby Parker“线下体验，线上购买”O2O 模式的案例分析，考察了该模式对消费者购买行为、产品退货率以及在线零售商利润的影响；在此基础上，Bell 等（2015）进一步根据 Warby Parker 引入体验渠道前后的运营数据，实证分析了“线下体验，线上购买”O2O 模式的价值，证明了体验渠道的引入能够提升线上渠道的产品销售量并降低产品退货率；但 Chopra（2016）通过对 Bonobos“线下体验，线上购买”O2O 模式的分析，认为在

线零售商在引入体验渠道时，也需要考虑体验渠道运营成本的影响。上述关于“线下体验，线上购买”O2O 模式的文献均为描述性研究或实证研究。随着研究的深入，逐渐有学者开始构建数理模型来研究“线下体验，线上购买”O2O 模式相关问题，金亮等（2017）考虑在线零售商通过第三方体验店来为消费者提供产品体验服务，研究了在线零售商与体验店之间的合作激励问题，认为在线零售商可以根据体验店运营成本策略性地设计佣金契约；在此基础上，金亮等（2017）进一步考虑消费者在体验产品时可能发生的额外购买行为，研究了在交叉销售信息不对称情形下的佣金契约设计问题，认为交叉销售在一定条件下能够部分替代佣金契约的激励作用；Gao 和 Su（2017）通过比较引入体验渠道、开辟线上虚拟展厅、披露线下库存信息三种产品信息传递机制下的消费者购买行为以及线下渠道库存水平，发现体验渠道策略会导致缺货风险增大。上述关于“线下体验，线上购买”O2O 模式的文献揭示了该模式的特征，或者考虑不同因素来研究该模式的影响。

在“线上购买，线下取货”O2O 模式中，在线零售商将线上订单配送到线下网点（或取货点），然后消费者再到网点取货，已有相关研究主要从该模式对消费者行为、企业决策和利润等方面的影响展开。例如，Cao 等（2016）考虑消费者对产品估值的异质性，研究了“线上购买，线下取货”O2O 模式对产品需求、零售商最优定价决策和利润的影响；Gao 和 Su（2017）考虑消费者产品购买成本和产品库存成本因素，研究了全渠道零售背景下 BOPS 渠道策略对零售商最优库存决策和利润的影响；Gallino 等（2017）同样考虑产品库存问题，认为在“线上购买，线下取货”O2O 模式下，零售商需要提高安全库存水平；Vyt 等

(2017) 针对英国和法国的“线上购买，线下取货”O2O 实践，实证分析了食品杂货店作为线下取货点的价值；Jin 等（2018）从传统零售商视角，考虑传统零售商为消费者的线上订单提供线下取货服务，研究了 BOPS 渠道策略对传统零售商最优定价与订货决策的影响。上述文献侧重于从消费者角度来研究“线上购买，线下取货”O2O 模式的价值或影响，但未涉及线上、线下渠道整合问题。与 Jin 等（2018）类似，刘咏梅等（2018）也从传统零售商视角，研究了供应链背景下 BOPS 渠道策略对制造商和传统零售商最优决策和利润的影响；Shi 等（2018）综合考虑产品预售和消费者退货等因素，认为在一定条件下 BOPS 渠道策略有利于提升零售商的利润水平；Akturk 等（2018）在全渠道零售背景下，实证分析了 BOPS 渠道策略对产品销售数量和退货数量的影响；范辰等（2018）考虑开辟了 BOPS 渠道的零售商与上游制造商的不同主导权结构、渠道竞争等因素，研究了供应链定价与服务合作问题；Niu 等（2019）、MacCarthy 等（2019）均针对产品订单物流配送问题展开了研究，其中 Niu 等（2019）研究了线上产品订单物流配送成本对“线上购买，线下取货”O2O 模式价值的影响；MacCarthy 等（2019）研究了“线上购买，线下取货”O2O 模式对线上产品订单物流配送效率的影响。上述文献从不同视角或结合不同影响因素研究了“线上购买，线下取货”O2O 模式中的产品定价、库存、配送等问题，但均未涉及线上、线下渠道整合问题。

3. 文献评述

根据上述文献综述，现有关于消费者退货行为和退货策略选择的研究，研究对象大多为传统零售商，仅较少学者结合不同影响因素来研究消费者退货对在线零售商决策和绩效的影响，或者考察在线零售商退货策略选择问题。其中，在有关退货策略选择的研究中，较多学者聚焦于企业是否应该向消费者提供退款保证，以及退款保证对消费者购买行为、在线零售商决策的影响，这也是本书所要研究的内容。但不同的是，本书结合消费者理性预期假设来构建消费者预期效用函数，基于消费者退货行为和供应链的视角，研究在线零售商退款保证策略选择及其对消费者剩余、O2O 供应链合同设计的影响。

在有关 O2O 模式的研究中，较多学者基于不同行业背景或结合不同影响因素来研究 O2O 模式对消费者行为、企业决策和利润等方面的影响。其中，在关于“线下体验，线上购买”O2O 模式的文献中，较多学者研究的是消费者“线下体验，线上购买”行为对企业决策和利润的影响，仅部分学者针对“线下体验，线上购买”O2O 模式，研究了该模式对消费者行为、在线零售商决策和利润的影响；在上述关于“线上购买，线下取货”O2O 模式的文献中，大部分研究都发现了“线上购买，线下取货”O2O 模式会影响消费者的渠道选择和零售商的决策，但考虑的都是零售商自建线下渠道并销售产品的情形，或者研究对象为传统零售商。不同的是，本书基于消费者退货行为的视角，研究在线零售商是否应该引入体验渠道，应该何时引入体验渠道还尚待研究；并且，O2O 模式下体验渠道策略如何影响消费者购买行为、消费者剩余、在线零售商决策和利润，以及在线零售商如何整合线上、线下渠道等问题还需要进一步研究。

四 本书的研究内容与研究框架

在综合分析与消费者退货行为、在线零售商运营管理等相关文献的基础上，本书从消费者退货行为分析的视角，研究在线零售商的运营决策问题。全书分为八章，主要内容如下。

第一章，绪论。主要介绍本书的研究背景，提出本书需要解决的核心问题；通过分析和综述研究现状，阐述本书的具体研究内容。

第二章，基于消费者退货行为的在线零售商定价策略。随着在线零售市场规模的扩大，在线零售商所面临的产品退货问题也愈加严峻。当消费者购买到不符合其需求或者不满意的产品时，会发生产品退货行为，这不仅会给消费者带来额外的退货成本，而且还会给在线零售商及其上游制造商带来退货损失，进而影响产品定价策略并可能导致供应双方企业的决策激励失调。针对这一问题，本章根据消费者理性预期假设和效用理论，构建消费者预期效用函数和产品需求函数，建立不同消费者退货情形下的两阶段动态博弈模型；通过模型求解，分析消费者退货行为对在线零售商及其上游制造商的定价策略、利润的影响，考察了在线零售商向消费者提供退款保证的价值及影响。

第三章，退款保证下在线零售商定价与合同设计。面对可能存在的消费者退货行为，在线零售商向消费者提供退款保证服务，即对消费者退货提供全额退款。但此时消费者退货行为也会给消费者、在线零售商以及制造商造成损失，且消费者直接将产品退回在线零售商，因而消费者退货信息为在线零售商的私有信息，这也加大了在线零售商和制造商合作的难度和复杂程度，影响整个供应链的绩效。针对这一问题，本章分别构建了消费者退货成本信息对称和不对称下的博弈模型，研究在线零售商最优定价与制造商最优批发合同设计；进而分析不对称信息对供应链均衡的影响，以及在线零售商与制造商之间的信息共享谈判，考察退款保证对在线零售商定价策略和消费者剩余的影响。

第四章，退款保证下在线零售商O2O渠道策略。在第三章研究基础上，再考虑在线零售商引入O2O渠道来缓解消费者对产品的不确定性，即消费者还可以选择在购买前到体验渠道体验产品。此时，O2O渠道的引入改变了消费者的消费需求和习惯、供应链的渠道结构和运作流程，由此可能导致供应链的决策激励失调。针对这一问题，本章构建不同消费者购买行为下的期望效用函数，分别建立单渠道策略和O2O渠道策略下的供应链博弈模型，研究在线零售商最优产品定价与O2O渠道策略选择问题。通过模型求解，分析在线零售商是否应该引入O2O渠道，考察O2O渠道策略对消费者剩余、制造商和在线零售商利润水平的影响。

第五章，不同主导权对在线零售商O2O渠道策略的影响。在第四章研究基础上，再考虑O2O供应链中可能存在的不同主导权结构，即供应链成员企业往往会因拥有不同资源而存在不同的主导权结构，这进一步加剧了供应链决策激励失调的可能性，并导致供应链系统绩效损失。针对这一问题，本章考虑可能存在的消费者退货行为，以及在线零售商引入O2O渠道为消费者提供产品体验，基于不同供应链主导权，分别构建单渠道策略和O2O渠道策略下的供应链博弈模型，研究在线零售商和制造商的最优定价决策。通过模型求解，分析单渠道策略下退款保证对供应链均衡的影响，考察O2O渠道的引入和不同主导权对供应链均衡和消费者剩余的影响。

第六章，在线零售商与体验店佣金契约设计。考虑在线零售商与第三方体验店合作，共同为消费者提供产品体验服务。然而，在线零售商与体验店合作过程中，体验店提供的体验服务努力水平及服务成本均为其私有信息，双重信息不对称的存在使线上线下合作激励变得困难，且容易导致激励契约的激励不相容。针对这一问题，本章构建考虑消费者异质性偏好的线上渠道与体验渠道的消费者期望效用函数，得到线上和线下渠道产品需求；考虑服务投入水平为体验店私有信息，建立不对称信息下的线下到线上 O2O 供应链服务合作决策模型；研究逆向选择和道德风险并存情形下的零售商激励机制设计问题，分析体验店对异质性消费者购买行为和零售商利润的影响，考察零售商与体验店之间的信息共享谈判。

第七章，不对称信息下在线零售商线上推荐策略。在第六章研究的基础上，再考虑在线零售商向消费者推荐产品或者服务，吸引消费者购买产品或到体验店体验产品。但在线零售商与体验店合作过程中，道德风险和逆向选择会导致线上、线下渠道合作激励变得困难和系统激励失调，且在线零售商的线上推荐与体验店的体验服务之间存在部分替代关系，这进一步加剧了 O2O 供应链激励不相容的可能性。针对这一问题，以在线零售商为委托方、体验店为代理方，分别构建不同线上推荐情形下的委托代理模型，研究逆向选择与道德风险并存情况下的最优线上推荐策略与佣金契约设计问题。继而考察不对称信息与线上推荐对在线零售商、体验店以及 O2O 供应链系统利润的影响。

第八章，主要结论和管理启示。在总结本书主要工作以及研究结论的基础上，结合在线零售商运营管理实践，指出本书研究结论的管理启示。同时，本书通过理论研究，从消费者退货行为视角，为提升在线零售商多渠道协调运营效率，实现更高效的渠道协同提供决策参考和系统性建议。

根据上述主要研究内容，本书的研究框架如图 1－3 所示。首先，在第一章，提出本书所要解决的问题，综述已有相关研究；其次，在本书的理论分析与模型构建部分，其中第二章和第三章主要研究消费者退货行为对在线零售商定价、促销等决策的影响，第四章和第五章主要研究在线零售商是否应该引入 O2O 渠道以及 O2O 渠道策略对消费者行为、在线零售商决策和绩效的影响，第六章和第七章主要研究 O2O 模式下在线零售商与线下体验店之间的合作激励问题；最后，在第八章，总结本书研究结论，并凝练相关管理启示。

五　本书的特色与创新之处

本书的主要特色是研究问题来源于现实，通过对现实生活中消费者行为、在线零售商 O2O 实践及典型案例分析，将其提炼为科学问题，基于消费者退货行为分析的视角，开展在线零售商运营决策研究。本书综合运用博弈论、运筹学、理性预期、消费者效用等理论和方法，考虑电商背景下消费者需求和习惯、渠道结构和运作流程的变化，通过建立量化模型进行深入分析和研究，设计出具有可执行性的在线零售商运营策略及供应链合作机制。本书在以下三个方面具有显著的特色与创新。

（1）基于消费者退货行为的在线零售商定价与退款保证策略，以及退款保证对消费者购买行为和在线零售商定价决策的影响。

目前，已有有关消费者退货行为的研究多以传统零售商为研究对象，研究消费者退货行为下在线零售商运营决策的文献非常少。本书首先考察了消费者退货行为对在线零售商和制造商定价策略的影响，以及产品退货损失对在线零售商绩效的影

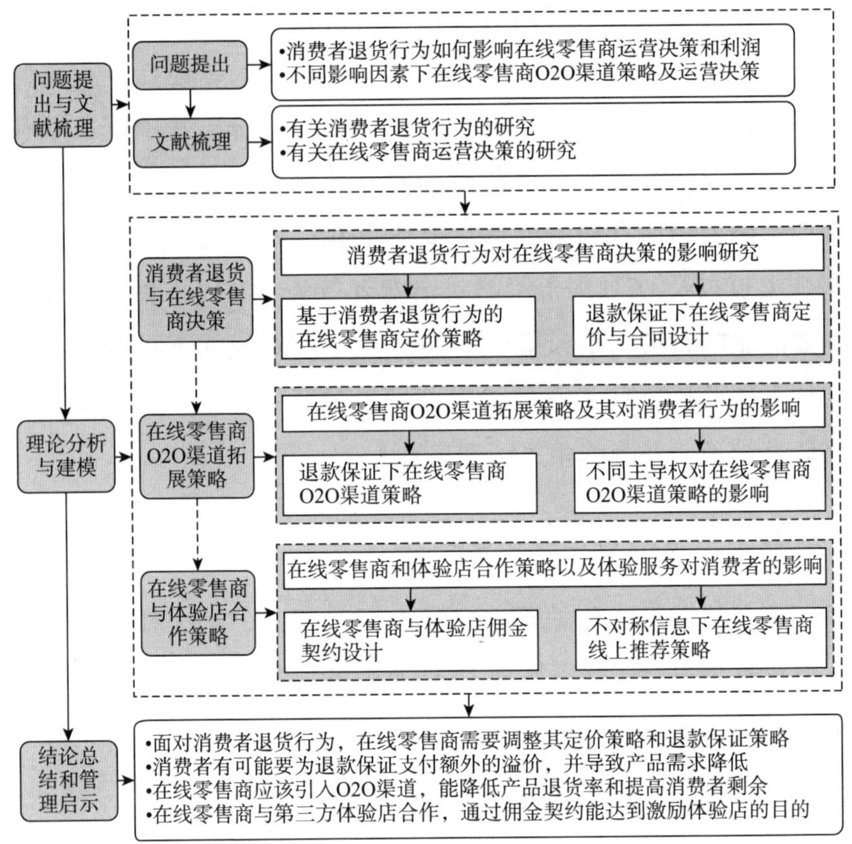

图 1－3　研究框架

响；然后，针对消费者退货行为，研究在线零售商的退款保证策略选择问题，并分析退款保证策略的价值。本书的特色和创新之处体现在以下方面：第一，基于理性预期理论和消费者效用理论刻画出消费者线上购买行为及其与线下渠道购买行为的差异性，分析产品退货对消费者购买行为的影响；第二，构建不同情形下在线零售商主导的博弈模型或优化模型，考察消费者退货行为对在线零售商定价、促销等决策的影响，求解在线零售商向消费者提供退款保证服务的可行条件，进而通过理论模型、数值算例等方法分析退款保证对消费者购买行为、在线零售商决策和绩效的影响。

（2）退款保证下在线零售商 O2O 渠道策略，以及考虑消费者退货行为的在线零售商与制造商之间的合作机制。

有关 O2O 模式的研究以描述性研究、案例研究、实证研究为主，对数理模型的研究非常少，并且，已有研究主要聚焦于 O2O 渠道的引入对消费者购买行为和传统零售商绩效影响等方面，鲜有研究在线零售商 O2O 渠道策略问题。本书考虑在线零售商引入 O2O 渠道（即线下体验渠道）展示在线零售商销售的产品，供消费者体验，研究在线零售商引入 O2O 渠道的条件及其对消费者购买行为、产品退货率以及供应链成员企业绩效的影响。本书的特色和创新之处体现在以下两方面。第一，基于消费者效用理论刻画出体验渠道的特征及其与线上渠道的差异性，分析 O2O 渠道的引入对消费者购买行为和产品退货率的影响。第二，基于 O2O 供应链上下游各参与企业的相互关系，运用建模与量化的研究方法，提出在线零售商引入 O2O 渠道的具体条件，进而通过理论模型、数值算例等进行分析，考察 O2O 渠道和不同主导权对在线零售商运营决策的影响。

（3）不对称信息下在线零售商与第三方体验店之间的合作激励问题，以及在线零售商的最优佣金契约设计。

有关线下实体店/体验店与在线零售商合作的文献主要为制造商双渠道供应链方面的研究，只有少量文献涉及实体店/体验店能够提供体验服务的情形。本书针对由在线零售商与体验店组成的“线下体验，线上购买”O2O 供应链，其中体验店可以通过加大投入来提高体验服务水平，且体验店体验服务努力水平和服务成本均为其私有信息，研究道德风险和逆向选择下在线零售商佣金契约设计问题。本书的特色和创新之处体现在以下方面：第一，考虑现实中在线零售商与第三方体验店合作提供线下体验服务情形，基于消费者退货行为分析，建立了受消费者退货和产品价格影响的消费者预期效用函数和产品需求函数，考察消费者渠道选择及其在体验渠道的购买行为；第二，设计双重信息不对称下的佣金契约，分析在线零售商与体验店间不对称信息的价值，以及二者之间的信息共享谈判。

第二章　基于消费者退货行为的在线零售商定价策略

随着互联网技术的快速发展和电子商务的高速增长，线上购物已经成为消费者的主要购物方式之一。中国商务部数据显示，2016 年中国电子商务交易额达到 26.1 万亿元，同比增长约 19.8%，网络零售额达 5.16 万亿元，同比增长 26.2%。线上购物为消费者带来了便利，但同时也存在一些问题，如消费者在线上购物时，由于仅能通过文字、图片、视频等方式间接了解产品，而不能直接体验产品实物，因而易导致收到的产品偏离其预期，并发生产品退货。在此背景下，随着产品销量的增长，在线零售商所面临的产品退货问题也愈加严峻，平均退货率高达 22%，这不仅会增加企业运营管理成本，更会有损企业声誉，给企业带来巨大的损失，进而对线上零售供应链成员的决策产生影响。因此，面对可能的消费者退货行为，如何通过定价策略引导消费者购买行为，提高自身利润是在线零售商急需解决的问题。

鉴于此，本章以由上游供应产品的制造商和在线零售商组成的供应链为研究对象，考虑消费者对线上销售的产品符合其需求存在不确定性以及可能发生的退货行为，基于消费者效用理论和理性预期理论，构建消费者预期效用函数和产品需求函数，建立两阶段动态博弈模型。通过模型求解，得到制造商和在线零售商的最优定价，进而分析消费者退货对在线零售商决策和利润、消费者剩余的影响。与已有研究不同的是，本书从供应链上下游企业视角，基于对消费者退货行为的分析，研究在线零售商的退款保证策略及其对供应双方定价策略的影响，并由一般的利润分析角度扩展至消费者剩余和社会福利分析。

第一节　问题描述与符号定义

一　问题描述

考虑由制造商（M）和在线零售商（O）组成的供应链系统，如图 2-1 所示。其中，在线零售商向制造商订购一种产品，批发价格为 w；然后，在线零售商再以价格 p 在其线上渠道将产品销往市场。同时，考虑零售商为刺激销售，通常都会在线上渠道开展促销活动，故假设零售商在销售产品时，还会提供一定的产品促销努力，且促销努力水平为 e。

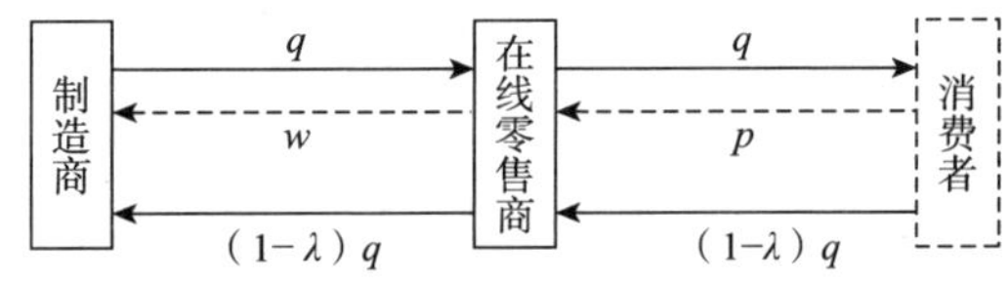

图 2-1　线上零售供应链结构

考虑消费者通过线上渠道购买产品时，不能进行产品试穿、试用等体验，有可能导致收到的产品与其预期不匹配，故参考 Balakrishnan 等（2014）、Gao 和 Su（2017）的研究设定，引入消费者理性预期假设，假定产品符合消费者需求的概率为 $\lambda(0<\lambda<1)$。当产品符合消费者需求时，消费者购买产品能够获得效用 v，

且 $v \sim U[0,1]$。同时，在线零售商提供产品促销服务还能增加消费者购买产品而获得的效用，故当产品符合消费者需求时，消费者能够获得效用 $v-p$。

当产品不符合消费者需求时，消费者不能获得效用，即 $v=0$，且促销服务对消费者不起作用。同时，考虑在线零售商在线上渠道向消费者提供退款保证服务，如 7 天无理由退货等，故当产品不符合消费者需求时，消费者将选择退货，并获得在线零售商的全额退款，但消费者会产生退货成本（如退货的物流费用等）。由此，可以得到消费者购买产品的预期净效用 $E(u)$ 为

$$E(u)=\lambda(v-p)-(1-\lambda)(p-p)-(1-\lambda)t=\lambda(v-p)-(1-\lambda)t \tag{2-1}$$

在式（2-1）中，$\lambda(v-p)$ 表示产品符合消费者需求的概率为 λ 时，消费者获得的效用；$(1-\lambda)$ $(p-p)$ 和 $(1-\lambda)t$ 表示产品不符合消费者需求的概率为 $(1-\lambda)$ 时，由于退货产生的消费者退货成本。

消费者依据 $\max[E(u),0]$ 来决定是否购买产品。仅当 $E(u)\geqslant 0$，即 $v\geqslant p+(1-\lambda)t/\lambda$ 时，消费者才会购买产品。因此，可以得到在线零售商的产品需求 q 为

$$q=\int_{p+\frac{(1-\lambda)t}{\lambda}}^{1} 1\mathrm{d}F(v)=1-p-\frac{(1-\lambda)t}{\lambda} \tag{2-2}$$

其中，$F(v)$ 为 v 的累积分布函数。

在产品需求 q 中，仅比例为 λ（即 λq）才会保留产品，能给在线零售商带来产品销售收益；比例为 $1-\lambda$［即 $(1-\lambda)q$］的消费者由于产品不符合其需求而发生退货，不能给在线零售商带来销售收益。并且，当发生消费者退货时，产品退货会给在线

零售商和制造商造成退货损失，假设在线零售商的单位产品退货损失为 r_O，如退货产品的再次库存、产品运输等成本；制造商的单位产品退货损失为 r_M，如退货产品的再次包装、再次加工等成本。

依据上述模型假设，可以得到在线零售商的利润函数 π_O 为

$$\pi_O = (p - w)\lambda q - r_O(1 - \lambda)q \tag{2-3}$$

假设制造商的边际生产成本为常量，为便于分析且不失一般性，标准化为零。制造商的利润函数 π_M 为

$$\pi_M = w\lambda q - r_M(1 - \lambda)q \tag{2-4}$$

二　符号定义与说明

根据问题描述与模型假设，在表 2－1 中给出文中的符号定义与说明。

表 2－1　符号定义与说明

符号	定义与说明
λ	产品符合消费者需求的概率，$0 < \lambda < 1$
v	消费者的支付意愿或对产品的估值，$v \sim U$ [0, 1]
p	在线零售商决策的产品零售价格
t	消费者退货成本
w	制造商决策的产品批发价格
q	产品需求或购买产品的消费者数量
r_O	单位退货产品给在线零售商造成的退货损失
r_M	单位退货产品给制造商造成的退货损失
$E(u)$	消费者购买产品获得的预期净效用
CS	消费者剩余

续表

符号	定义与说明
π_O	在线零售商获得的利润
π_M	制造商获得的利润

第二节　模型构建与求解

本节将考察消费者退货行为对在线零售商决策和利润的影响。为便于对比分析，先求解不存在消费者退货情形下的供应链均衡，然后再考虑存在消费者退货情形下的供应链均衡，进而通过比较分析考察消费者退货的影响。

一　不存在消费者退货情形下的基准模型（N）

当不存在消费者退货时，若消费者收到在线零售商配送的产品与其预期不符，消费者并不能选择退货。由此，得到不存在消费者退货情形下，购买产品获得的预期净效用为 $E(u)=\lambda v-p$。根据效用最大化原则，仅当消费者预期净效用非负 $E(u)\geqslant 0$时，消费者才会购买产品，得到产品需求为

$$q=\int_{\frac{p}{\lambda}}^{1}1\mathrm{d}F(v)=1-\frac{p}{\lambda} \tag{2-5}$$

由于不存在消费者退货，因而在线零售商和制造商也不存在退货损失。由此，可以得到在线零售商和制造商的利润函数 π_O、π_M 分别为

$$\pi_O=(p-w)\left(1-\frac{p}{\lambda}\right) \tag{2-6}$$

$$\pi_M = w\left(1 - \frac{p}{\lambda}\right) \tag{2-7}$$

在制造商与在线零售商合作过程中，考虑制造商由于长期市场经营，或拥有资源优势等原因，假设制造商在与零售商竞争过程中，制造商处于主导地位，为 Stackelberg 博弈的领导者。因此，供应双方的交易过程为，首先，制造商率先决策产品批发价格 w^{N^*}；然后，根据 w^{N^*}，在线零售商再决策产品零售价格 p^{N^*}。

采用逆向归纳法，在给定产品批发价格 w 下，在线零售商决策产品零售价格为 $p^{N^*}(w)$。根据式（2-6），求解 π_O 关于 p 的二阶偏导数，易得 $\partial^2\pi_O/\partial p^2 = -2/\lambda < 0$，$\pi_O$ 为关于 p 的凹函数。因此，根据最优性一阶条件：$\partial\pi_O/\partial p = 0$，可以求得：$p^{N^*}(w) = (w+\lambda)/2$。

将 $p^{N^*}(w)$ 代入式（2-7），根据 $\partial^2\pi_M/\partial w^2 = -1/\lambda < 0$ 可知，π_M 为关于 w 的凹函数。因此，根据最优性一阶条件：$\partial\pi_M/\partial w = 0$，可以求得 w^{N^*}；进而将 w^{N^*} 代入 $p^{N^*}(w)$，即可得到 p^{N^*} 为

$$w^{N^*} = \frac{\lambda}{2}, p^{N^*} = \frac{3\lambda}{4}$$

根据上述制造商和在线零售商的定价决策，可知在不存在消费者退货情形下，当产品符合消费者需求的概率（λ）越大，在线零售商和制造商越会实施高价策略，分别提高产品零售价格和产品批发价格。但不同的是，由于在线零售商更接近市场，因而随着市场条件的变化，在线零售商能够更为迅速地调整其定价策略，可以验证：$\partial p^{N^*}/\partial\lambda > \partial w^{N^*}/\partial\lambda$。最后，将 p^{N^*} 代入式（2-5）即可得到产品需求为 $q^{N^*} = 1/4$；将 w^{N^*} 和 p^{N^*} 代入式

(2-6)、式 (2-7)，可以得到在线零售商和制造商获得的利润分别为 $\pi_O^{N^*}=\lambda/16,\pi_M^{N^*}=\lambda/8$。

命题 2.1　在不存在消费者退货情形下，消费者剩余 CS^{N^*} 和社会福利 Γ^{N^*} 分别为

$$CS^{N^*}=\lambda/32,\Gamma^{N^*}=7\lambda/32$$

证明：根据消费者是否对产品满意，可以得到消费者剩余为

$$CS^N=\lambda\int_{\frac{p}{\lambda}}^{1}(v-p)\mathrm{d}F(v)+(1-\lambda)\int_{\frac{p}{\lambda}}^{1}(-p)\mathrm{d}F(v)$$

根据消费者剩余函数，社会福利为 $\Gamma^N=CS^N+\pi_O^N+\pi_M^N$。将 p^{N^*} 分别代入 CS^N 和 Γ^N，即可得到 CS^{N^*}、Γ^{N^*}。

在命题 2.1 中，根据消费者是否对产品满意或者产品是否符合其需求，可将消费者剩余分为两个部分：一是当产品符合消费者需求时，消费者通过支付产品价格 p，获得效用 v，即消费者剩余为 $\lambda\int_{\frac{p}{\lambda}}^{1}(v-p)\mathrm{d}F(v)$；二是当产品不符合消费需求时，消费者支付了 p，却获得零效用，即消费者剩余为 $(1-\lambda)\int_{\frac{p}{\lambda}}^{1}(-p)\mathrm{d}F(v)$。根据命题 2.1，可以发现，产品越是符合市场需求，消费者剩余和社会福利越大。

二　存在消费者退货情形下的博弈模型（G）

在存在消费者退货情形下，面对可能存在的消费者退货行为，在线零售商需要向消费者提供退款保证服务，即当消费者选择退货时，在线零售商需要向消费者提供全额退款。此时，产品退货除了会给消费者带来额外的退货成本，还会给在线零售商和制造商造成退货损失。

与不存在消费者退货情形类似，制造商与在线零售商进行 Stackelberg 博弈。采用逆向归纳方法，先求解在线零售商的定价反应函数 $p^{G^*}(w)$。根据式（2－3），容易验证 π_O 为关于 p 的凹函数（$\partial^2\pi_O/\partial p^2=-2\lambda<0$），故根据最优性一阶条件，可以求解得到：

$$p^{G^*}(w)=\frac{\lambda(1+w)+(1-\lambda)(r_O-t)}{2\lambda}$$

然后，将 $p^{G^*}(w)$ 代入式（2－4），求解制造商的最优定价决策 w^{G^*}。可以验证 π_M 为关于 w 的凹函数（$\partial^2\pi_M/\partial w^2=-\lambda<0$），故根据最优性一阶条件，可以求得 w^{G^*}；进而将 w^{G^*} 代入 $p^{G^*}(w)$，即可得到 p^{G^*} 为

$$w^{G^*}=\frac{\lambda-(1-\lambda)(r_O-r_M+t)}{2\lambda},p^{G^*}=\frac{3\lambda+(1-\lambda)(r_O+r_M-3t)}{4\lambda}$$

当存在消费者退货行为时，在线零售商向消费者提供退款保证服务，此时在线零售商和制造商的最优定价策略均会受到各自退货损失和消费者退货成本的影响。可以知道，如果满足 $t>(r_O+r_M)/3$，则在线零售商会随着产品符合消费者需求概率的增大而提高产品零售价格；而如果满足 $t>r_O+r_M$，则制造商应随产品符合消费者需求概率的增大而提高产品批发价格。此外，还可以发现，随着消费者退货成本的增大，产品符合消费者需求概率对供应双方定价策略的影响会减弱。

最后，将 p^{G^*} 代入式（2－2）即可得到产品需求为 $q^{G^*}=\frac{\lambda-(1-\lambda)(r_O+r_M+t)}{4\lambda}$；将 w^{G^*}、p^{G^*} 代入式（2－3）、式（2－4），可以得到在线零售商与制造商获得的利润分别为

$$\pi_O^{G^*}=\frac{[\lambda-(1-\lambda)(r_O+r_M+t)]^2}{16\lambda},\pi_M^{G^*}=\frac{[\lambda-(1-\lambda)(r_O+r_M+t)]^2}{8\lambda}$$

命题 2.2　在存在消费退货情形下，消费者剩余 CS^{G^*} 和社会福利 Γ^{G^*} 分别为

$$CS^{G^*}=\frac{[\lambda-(1-\lambda)(r_O+r_M+t)]^2}{32\lambda},\Gamma^{G^*}=\frac{7[\lambda-(1-\lambda)(r_O+r_M+t)]^2}{32\lambda}$$

证明：根据消费者是否对产品满意，可以得到消费者剩余 CS^G 为

$$CS^G=\lambda\int_{p+\frac{(1-\lambda)t}{\lambda}}^1(v-p)\mathrm{d}F(v)+(1-\lambda)\int_{p+\frac{(1-\lambda)t}{\lambda}}^1(-t)\mathrm{d}F(v)$$

根据消费者剩余函数，得到社会福利为 $\Gamma^G=CS^G+\pi_O^G+\pi_M^G$，将 p^{G^*} 分别代入 CS^G 和 Γ^G，可得到 CS^{G^*}、Γ^{G^*}。

根据命题 2.2，易知消费者剩余由两部分组成：一是当产品符合消费者需求时，与命题 2.1 中的 CS^N 类似，消费者支付 p^{G^*}，获得效用 v，得到消费者剩余为 $\lambda\int_{p+\frac{(1-\lambda)t}{\lambda}}^1(v-p)\mathrm{d}F(v)$；二是当产品不符合消费需求时，消费者将选择退货，且区别于 CS^N，消费者获得全额退款，仅损失退货成本 t，即消费者剩余为 $(1-\lambda)\int_{p+\frac{(1-\lambda)t}{\lambda}}^1(-t)\mathrm{d}F(v)$。对于社会福利，与无退款保证情形类似，由消费者剩余和供应链系统利润构成。仅当 $t<\lambda-(1-\lambda)(r_O+r_M)/1-\lambda$ 时，CS^{G^*}、Γ^{G^*} 才会随 λ 的增大而增大。

第三节　消费者退货行为的影响分析

在上节中，分别给出了不同消费者退货行为下的供应链均

衡、消费者剩余以及社会福利。为此，本节将根据上述分析结果，进一步考察消费者退货行为的影响。

一　消费者退货对供应双方定价策略的影响

消费者退货行为的存在会影响在线零售商和制造商的定价决策，即消费者退货成本、在线零售商退货损失和制造商退货损失会影响供应双方的定价策略。比较有无消费者退货行为下的定价策略，可以得到如下命题 2.3。

命题 2.3　消费者退货对在线零售商和制造商的定价策略有如下影响：

（1）当 $r_O > 3(t-\lambda) - r_M$ 时，$p^{G^*} > p^{N^*}$；

（2）当 $r_M > t - \lambda + r_O$ 时，$w^{G^*} > w^{N^*}$。

证明：比较不同情形下的产品零售价格和批发价格，可以得到：

$$p^{G^*} - p^{N^*} = \frac{(1-\lambda)(3\lambda - 3t + r_M + r_O)}{4\lambda}, w^{G^*} - w^{N^*} = \frac{(1-\lambda)(\lambda - t + r_M - r_O)}{2\lambda}$$

容易知道，当 $r_O > 3(t-\lambda) - r_M$ 时，$p^{G^*} - p^{N^*} > 0$；当 $r_M > t - \lambda + r_O$ 时，$w^{G^*} - w^{N^*} > 0$。

命题 2.3 比较了不同消费者退货情形下供应双方的最优定价策略。显然，消费者退货会影响在线零售商和制造商的定价决策，且与各自的退货损失有关。具体分析，当在线零售商退货损失较高［$r_O > 3(t-\lambda) - r_M$］时，为弥补产品退货造成的损失，在线零售商会适当地提高产品零售价格；而对于制造商，当制造商退货损失满足条件 $r_M > t - \lambda + r_O$ 时，消费者退货行为的存在也会促使制造商实施高价策略。此外，从消费者角度，在线零售商提供退款保证服务能够有效降低消费者购物风险，但消费者也有可能要为此服务支付一定的溢价。

命题 2.4　消费者退货行为会导致产品需求降低，表现为：$q^{G^*} < q^{N^*}$；但由于产品价格也会发生变化，故在线零售商和制造商的利润并不一定会降低，即当 $\lambda < 1 - \frac{2}{2 + t + r_O + r_M}$ 时，$\pi_O^{G^*} > \pi_O^{N^*}$、$\pi_M^{G^*} > \pi_M^{N^*}$。

证明：比较不同情形下产品需求、双方利润，可以得到：

$$q^{G^*} - q^{N^*} = -\frac{(1-\lambda)(t + r_M + r_O)}{4\lambda} < 0, \pi_O^{G^*} - \pi_O^{N^*} = -\frac{(1-\lambda)(t + r_O + r_M)[2\lambda - (1-\lambda)(t + r_O + r_M)]}{16\lambda},$$

$$\pi_M^{G^*} - \pi_M^{N^*} = -\frac{(1-\lambda)(t + r_O + r_M)[2\lambda - (1-\lambda)(t + r_O + r_M)]}{8\lambda}$$

容易知道，当 $\lambda < 1 - \frac{2}{2 + t + r_O + r_M}$ 时，$\pi_O^{G^*} - \pi_O^{N^*} > 0$、$\pi_M^{G^*} - \pi_M^{N^*} > 0$。

命题 2.4 表明，当存在消费者退货时，在线零售商向消费者提供退款保证服务，尽管产品零售价格并不一定会提高，但会导致产品需求的降低（$q^{G^*} < q^{N^*}$）。根据命题 2.3，消费者退货会影响在线零售商和制造商的定价策略，进而导致二者利润的变化，可以发现，消费者退货行为在满足一定条件下有可能会对在线零售商有利，此时退款保证能够缓解消费者购买产品的不确定性，在线零售商和制造商获得的利润增加。令 $\xi = 1 - \lambda$ 表示产品退货率，可以得到在线零售商向消费者提供保证服务的可行条件为

$$\xi \in \left(\frac{2}{2+t+r_O+r_M},1\right) \tag{2-8}$$

根据式（2-8），当产品退货率较高 $[\xi > 2/(2+t+r_O+r_M)]$ 时，在线零售商提供退款保证，此时消费者退货反而对在线零售商和制造商有利。最后，还可以发现，在上述可行条件内，制造商可通过调整批发价格，占有更多的利润份额（$|\pi_M^{G^*}-\pi_M^{N^*}| > |\pi_O^{G^*}-\pi_O^{N^*}|$）。

二　消费者退货对消费者剩余和社会福利的影响

消费者退货行为会影响产品零售价格，进而影响消费者剩余，而在线零售商和制造商利润的变化也会进一步影响社会福利。本节将分析消费者退货对消费者剩余和社会福利的影响。

命题 2.5　消费者退货对消费者剩余和社会福利的影响取决于消费者退货成本，仅当消费者退货较高，即 $t > \frac{2\lambda-(1-\lambda)(r_M+r_O)}{1-\lambda}$ 时，$CS^{G^*} > CS^{N^*}$、$\Gamma^{G^*} > \Gamma^{N^*}$。

证明：比较不同情形下的消费者剩余和社会福利，可以得到：

$$CS^{G^*}-CS^{N^*} = -\frac{(1-\lambda)(t+r_O+r_M)[2\lambda-(1-\lambda)(t+r_O+r_M)]}{32\lambda},$$

$$\Gamma^{G^*}-\Gamma^{N^*} = -\frac{7(1-\lambda)(t+r_O+r_M)[2\lambda-(1-\lambda)(t+r_O+r_M)]}{32\lambda}$$

容易知道，当满足条件 $t > \frac{2\lambda-(1-\lambda)(r_M+r_O)}{1-\lambda}$ 时，$CS^{G^*}-CS^{N^*} > 0$、$\Gamma^{G^*}-\Gamma^{N^*} > 0$。

命题 2.5 表明，当存在消费者退货时，在线零售商提供退款保证服务并不一定能提升消费者剩余和社会福利。由于在提供退款保证下，消费者能够对不符合其需求的产品进行退货，减少损失，但此时也会导致产品需求的降低，因而仅当消费者退货成本较高时，存在消费者退货时的消费者剩余才会更高。而对于社会福利而言，其包含了消费者剩余和关于双方企业的利润，综合分析易知在满足条件 $t > 2\lambda/(1-\lambda) - r_O - r_M$ 时，消费者退货行为的存在也能对社会福利有利。根据命题 2.5，如果在线零售商以消费者剩余或者社会福利最大化为目标，来决策是否向消费者提供退款保证，存在相同的可行条件。

为简化表达，先定义 $\Delta CS = CS^{G^*} - CS^{N^*}$，$\Delta\Gamma = \Gamma^{G^*} - \Gamma^{N^*}$分别表示消费者退货对消费者剩余和社会福利的影响；$h = h_O + h_M$ 表示供应链系统的退货损失；并设定如下 4 个阈值：

$$H_1 = \frac{\lambda}{1-\lambda} - t, H_2 = \frac{2\lambda^2}{1-\lambda^2} - t, H_3 = \frac{\lambda^2}{1-\lambda^2} - t, H_4 = \frac{2\lambda}{1-\lambda} - t。$$

命题 2.6　分析消费者退货行为对消费者剩余和社会福利的影响，可以得到：

（1）当 $h > H_1$ 时，$\frac{\partial \Delta CS}{\partial t} > 0$，$\frac{\partial \Delta \Gamma}{\partial t} > 0$；

（2）当 $h < H_2$ 时，$\frac{\partial \Delta CS}{\partial \lambda} > 0$，$\frac{\partial \Delta \Gamma}{\partial \lambda} > 0$；

（3）当 $h < H_3$ 时，$\frac{\partial^2 \Delta CS}{\partial \lambda \partial t} > 0$，$\frac{\partial^2 \Delta \Gamma}{\partial \lambda \partial t} > 0$。

证明：根据命题 2.5 的证明过程，求解 ΔCS、$\Delta\Gamma$ 关于各个参数的偏导数，易得，略。

命题 2.6 表明，当供应链系统退货损失较大（$h > H_1$）时，消费者退货成本对 ΔCS 和 $\Delta\Gamma$ 的影响存在两种可能，若供应链退货损失大小适中（$H_1 < h < H_4$），消费者退货成本则会加剧退款保证对消费者剩余和社会福利的不利影响；随着供应链退货损失的进一步增大（$h > H_4$），消费者退货成本则会促进退款保证对消费者剩余和社会福利产生有利影响。当供应链退货损失较小（$h < H_2$）时，较低的产品退货率对消费者剩余和社会福利均有利。随着供应链退货损失的进一步减小（$h < H_3$），消费者退货成本会加剧产品退货率对 ΔCS 和 $\Delta \Gamma$ 的不利影响。

第四节　问题延伸与拓展

通过上文分析可知：消费者退货行为会影响在线零售商的定价策略，进而影响在线零售商及其上游制造商决策和利润，但此时在线零售商向消费者提供退款保证却不一定能提升消费者剩余和社会福利。本节将考虑更多现实影响因素，对上述模型进行扩展，从而得到其他具有普遍意义的结论和新的启示。本节将考虑以下两个影响因素：（1）产品促销服务；（2）企业履行社会责任。

近年来，产品促销已成为电商企业刺激销售的最主要途径之一，如“双十一购物狂欢节”、“6・18 店庆日”以及美国网络购物节“Cyber Monday”等。并且，随着经济的发展，越来越多的企业开始关注企业社会责任，即企业在追求自身利润最大化的同时，还关注供应链其他成员和消费者的利益，或者社会的可持续发展（Panda and Modak，2016）。基于此，本节假设在线零售商促销服务能够增加消费者购买产品获得的效用，故消费者预期净效用为 $E(u) = \lambda(v - p + e) - (1 - \lambda)t$，其中 e 为促销努力水平；参考 Panda 和 Modak（2016）的研究假设，用消费者剩余来表示供应链成员的社会责任，即供应链成员的目标函数中除了包含自身的利润之外，还关注消费者价值。用 k 和 $1-k(0\leqslant k\leqslant 1)$ 分别表示制造商和在线零售商承担的企业社会责任比例。由此，可以得到在线零售商和制造商的总效用函数 U_O、U_M 为各自的纯利润再加上社会责任，即为

$$U_O=(p-w)\lambda q-r_O(1-\lambda)q+k\alpha CS-\frac{e^2}{2} \tag{2-9}$$

$$U_M=w\lambda q-r_M(1-\lambda)q+(1-k)\alpha CS \tag{2-10}$$

在式（2-9）、式（2-10）中，α 表示社会责任强度系数；$k\alpha CS$ 和 $(1-k)\alpha CS$ 分别表示零售商和制造商承担的社会责任。采用逆向归纳法求解供应链均衡，分别用 $\bar{p}^*$、$\bar{e}^*$ 表示在线零售商决策的产品零售价格和促销努力水平，$\overline{CS}^*$ 表示消费者剩余；然后，考察企业社会责任对在线零售商决策和消费者剩余的影响。

命题 2.7　取 $\bar{k}=\dfrac{(1-\lambda)(7t+r_O+r_M-4\lambda t)-\lambda}{\lambda-(1-\lambda)(r_O+r_M-t)}$，$\bar{r}_O=\dfrac{\lambda-r_M-(1-\lambda)[1+2(1-\lambda)]t}{(1-\lambda)}$，则当 $r<\bar{r}$ 时或者当 $r>\bar{r}$ 且 $k>\bar{k}$ 时，$\dfrac{\partial\bar{p}^*}{\partial\alpha}<0$，$\dfrac{\partial\bar{e}^*}{\partial\alpha}>0$。

证明：分别对 $\bar{p}^*$、$\bar{e}^*$ 求解关于 α 的一阶偏导数，当 $\alpha=0$ 时，表示不承担企业社会责任情形。容易知道，当 $k>\bar{k}$ 时，$\dfrac{\partial\bar{p}^*}{\partial\alpha}<0$，$\dfrac{\partial\bar{e}^*}{\partial\alpha}>0$。考虑 k 的取值区间：$k\in[0,1]$，即当 $r>\bar{r}$ 时，$\bar{k}>1$。因此，在同时满足 $k>\bar{k}$ 和 $\bar{k}>1$ 条件下，$\dfrac{\partial\bar{p}^*}{\partial\alpha}<0$，$\dfrac{\partial\bar{e}^*}{\partial\alpha}>0$ 成立。

命题 2.7 表明，在线零售商承担社会责任会对其最优定价

和促销努力决策造成影响。当在线零售商退货损失较小，即 $r<\bar{r}$ 时，由于在线零售商承担了社会责任，在线零售商将降低产品零售价格和提高其促销努力水平，让渡部分收益给消费者；当在线零售商退货损失较大，即 $r>\bar{r}$ 时，在线零售商承担社会责任则不一定会促使其实施低价策略，这取决于在线零售商承担的社会责任比例，也就是说，若还满足条件 $k>\bar{k}$，则在线零售商社会责任会使其降低产品零售价格，此时在线零售商却会提高其促销努力水平。这也意味着，当在线零售商承担的社会责任比例较高时，随着社会责任强度系数的降低，最优产品零售价格将降低，促销努力水平将提高。此外，还可以发现，$\bar{k}$ 会随着消费者退货损失增大而增大（$\partial\bar{k}/\partial r>0$），表明消费者退货损失越大，需要在线零售商承担更大比例的社会责任才能够促使其降低产品零售价格。

命题 2.8 取 $\hat{k}=\dfrac{(1-\lambda)(7t+r_O+r_M-4\lambda t)-\lambda}{2(1-\lambda)\alpha t}$，$\bar{\alpha}=\dfrac{(1-\lambda)(7t+r_O+r_M-4\lambda t)-\lambda}{2(1-\lambda)\alpha t}$，则满足 $\dfrac{\partial\overline{CS}^*}{\partial\alpha}>0$ 所需的条件存在四种情形：（1）满足 $r>\bar{r}$；（2）满足 $r<\bar{r}$、$\alpha<\bar{\alpha}$ 且 $k<\bar{k}$；（3）满足 $r<\bar{r}$、$\alpha>\bar{\alpha}$ 且 $k>\max(\bar{k},\ \hat{k})$；（4）满足 $r<\bar{r}$、$\alpha>\bar{\alpha}$ 且 $k<\min(\bar{k},\ \hat{k})$。

证明：对 $\overline{CS}^*$ 求解关于 α 的一阶偏导数，$\partial\overline{CS}^*/\partial\alpha$。容易知道，当 $r>\bar{r}$ 时，$\bar{k}>1$；当 $\alpha<\bar{\alpha}$ 时，$\hat{k}>1$。而 $\bar{\alpha}$ 为关于 r 单调递增，且当 $r=\bar{r}$ 时，$\bar{\alpha}=(2-\lambda)/\alpha>1$，故当 $r>\bar{r}$ 时，$\hat{k}>1$。由此，可以得到：（1）当 $r>\bar{r}$ 时，$k<1<\bar{k}$ 和 $k<1<\hat{k}$ 显然成立，故有 $\partial\overline{CS}^*/\partial\alpha>0$；（2）当 $r<\bar{r}$ 时，$\bar{k}<1$，$\bar{\alpha}<1$；此时若还满足 $\alpha<\bar{\alpha}$，则 $\hat{k}>1$；故在满足 $k<\bar{k}$ 下，$\partial\overline{CS}^*/\partial\alpha>0$；（3）当 $r<\bar{r}$

时，$\bar{k}<1$，$\bar{\alpha}<1$；若还满足 $\alpha>\bar{\alpha}$，则 $\hat{k}<1$，因此，当 $k>\max(\bar{k},\ \hat{k})$ 或 $k<\min(\bar{k},\ \hat{k})$ 时，$\partial\overline{CS}^*/\partial\alpha>0$。

命题 2.8 表明，供应链成员的企业社会责任并不一定能够提升消费者剩余，这取决于在线零售商所承担的社会责任比例、产品符合消费者需求的概率、消费者退货成本以及零售商退货损失。具体分析，当在线零售商退货损失较大时，依据命题 2.7，在线零售商从自身利润最大化目标来调整其最优产品零售价格和促销努力决策，由此使消费者剩余得到提升；此外，当消费者退货成本较小时，供应链成员社会责任对消费者剩余的影响则取决于在线零售商所承担的社会责任大小，即参数 α 和 k，仅当二者同时满足一定条件时，消费者剩余才能得到有效提升。该命题表明，由于可能存在的消费者退货行为，供应链成员的企业社会责任对消费者剩余的影响存在不确定性，由此也可以得到企业社会责任对消费者剩余有利的条件。

第五节 本章小结

关于供应链定价的研究已经非常广泛，但鲜有研究基于消费者退货行为视角研究在线零售商及其上游制造商定价问题。基于该背景，本章聚焦于消费者退货行为，根据消费者理性预期假设和效用理论，构建了消费者预期效用函数和产品需求函数，建立了在线零售商与制造商间的两阶段动态博弈模型。通过模型求解，分析了消费者退货行为对在线零售商及其上游制造商的定价策略、利润的影响，考察了在线零售商向消费者提供退款保证的价值及影响。研究发现：消费者退货会对在线零售商和制造商定价策略的影响存在不确定性，取决于供应双方的退货损失，二者均有可能实施高价策略；而对于消费者，在线零售商通过退款保证向其提供全额退款时，消费者也有可能需要为此支付额外的溢价，而消费者剩余则取决于其退货成本大小；在线零售商向消费者提供退款保证会导致产品需求降低，但不一定会使各个企业利润降低，这取决于产品退货率。最后，对原始模型进行了扩展，进一步考虑在线零售商促销和企业社会等现实因素的影响。

本书针对垄断市场结构，考虑消费者退货行为，研究了消费者理性预期下的在线零售商定价与退款保证问题。然而，现实中在同一市场往往会存在多个制造商和多个零售商生产销售同一类型商品的现象，因此，竞争环境下存在产品差异的供应链定价与退款保证问题是未来可以进一步研究的方向。

第三章　退款保证下在线零售商定价与合同设计

随着互联网、移动互联网的快速普及和消费者网络购物意愿的不断提高，以阿里巴巴、亚马逊、京东等为代表的在线零售企业得到飞速发展，其中阿里巴巴和京东一共占有了中国80%的电商市场份额，亚马逊占有了美国70%的电商市场份额，网络购物已成为消费者的主要购物渠道之一。但由于消费者在网络购物时不能对产品有所体验，因此消费者收到的产品有可能与其预期不符，由此导致较高的产品退货率，有研究表明电商平均退货率达22%（Rao et al.，2014）。并且，当消费者发生退货时，在线零售商往往需要给予消费者全额退款，即向消费者提供退款保证服务，从而造成退货损失。此外，当发生消费者退货时，由于在线零售商直接面对消费者，因而相关的消费者退货信息往往为在线零售商的私有信息，由此易导致在线零售商和上游制造商决策激励失调，影响整个供应链的利润。因此，在线零售商退款保证下，消费者退货行为会对在线零售商的定价策略产生何种影响？提供退款保证是否对消费者有利并提升在线零售商的利润？供应端的制造商又该如何设计不对称信息下与在线零售商的合同？这些问题都亟待研究和解决。

目前，有关退款保证的研究主要围绕企业是否应该提供退款保证以及退款保证对企业的影响等方面展开。Mann 和 Wissink（1990）较早研究了退款保证问题，指出企业向消费者提供退款保证能够有效降低消费者购买风险，进而得出企业提供退款保证的可行条件；Chen 和 Bell（2009）考虑消费者退货数量受到产品销售量和销售价格的联合影响，研究了退款保证对企业最优定价和订货量的影响；McWilliams（2012）研究由两个销售质量差异化产品的企业构成的寡头垄断市场，研究发现退款保证能够有效提高低质量企业的利润水平，而对高质量企业利润的影响则存在一定的不确定性；黄宗盛等（2016）同样针对存在质量差异化的寡头垄断市场，研究了产品质量差异化对竞争性零售商退款保证策略选择的影响；Akçay 等（2013）考虑零售商能够以一定的折扣价将消费者退货的产品进行二次销售，研究了零售商提供退款保证对其最优定价与订货策略的影响；Hsiao 和 Chen（2014）比较分析了提供退款保证和免退货成本政策对销售商利润的影响，进而考察了这两种退货政策的可行条件，认为当消费者对产品的估值较高时，提供退款保证才有利；Qin 等（2016）研究了存在策略消费者情形下的退款保证策略选择问题，结果发现销售商提供退款保证会使其提高产品销售价格；Heydari 等（2017）针对由一个供应商和一个零售商组成的供应链，研究了零售商的最优订货决策和退款保证策略选择问题。上述文献研究的均为线下销售渠道的退款保证策略选择及其有关影响问题。近年来，有关线上销售渠道的退款保证策略选择问题也逐渐引起学者们的关注。例如，黄宗盛等（2016）针对一个同时拥有线上和线下渠道的双渠道零售商，研究了其线上、线下渠道的退款保证策略选择问题及对零售商最优定价和利润的影响；Chen 和 Chen（2017）同样针对一个双渠道零售商，分别研究了单渠道情形和双渠道情形下的零售商退款保证策略选择问题，并考察了线上销售渠道的个性化定价策略；Gao 和 Su（2017）针对一个实施了“线上购买，线下取货”策略的全渠道零售商，研究了退款保证下的线下销售渠道最优库存决策问题。上述考虑了线上销售渠道退货保证的文献均以单个企业为研究对象，且都基于完全信息背景。不同的是，本书从供应链视角，针对由制造商和在线零售商组成的供应链，考虑在线零售商在其线上销售渠道提供退款保证，研究消费者退货成本信息不对称下的供应链定价与合同设计问题。

鉴于此，本章以由制造商和在线零售商组成的供应链为研究对象，考虑在线零售商提供退款保证下可能存在的消费者退货行为，根据消费者理性预期假设和效用理论，构建受消费者退货成本影响的产品需求函数，建立消费者退货成本信息对称与不对称下的供应链博弈模型，研究在线零售商定价与制造商合同设计问题。进而分析不对称信息对在线零售商最优定价与制造商合同设计的影响，考察退款保证对供应链均衡、供应链成员利润以及消费者剩余的影响。与现有研究不同的是，本研究综合考虑了在线零售中可能存在的消费者退货行为和供应双方信息不对称问题，且由一般的利润视角扩展至消费者剩余视角。

第一节　问题描述与符号定义

在由制造商（M）和在线零售商（O）组成的供应链中，制造商将其生产的一种产品批发给在线零售商，然后在线零售商再将产品通过其网络渠道销往市场。其中，产品批发价格为 w，产品零售价格为 p。

假设产品潜在市场需求为1，且每个消费者至多购买1单位的产品。消费者在收到在线零售商配送的产品前，对于产品是否符合其需求不确定，如服装尺寸不符、产品实物与预期不符等，故假设产品符合消费者需求的概率为 $\lambda(0<\lambda<1)$。若产品符合消费者需求，参考 Gao 和 Su（2017）的研究设定，消费者能够获得效用 $v-p$，其中 v 为消费者对符合其需求产品的支付意愿，v 服从区间［0，1］上的均匀分布；若产品不符合消费者需求，则消费者选择退货并获得在线零售商的全额退款，但消费者会产生相应的退货成本 t（如退货的物流费用等）。由此，得到消费者购买产品的预期净效用 $E(u)$ 为：

$$E(u)=\lambda(v-p)+(1-\lambda)(p-p)-(1-\lambda)t=\lambda(v-p)-(1-\lambda)t \tag{3-1}$$

消费者根据 $\max[E(u),0]$ 来选择是否购买产品。当 $E(u)\geqslant 0$，即 $v\geqslant p+(1-\lambda)t/\lambda$ 时，消费者才会购买。由此，可以得到产品需求 q 为：

$$q=\int_{p+\frac{(1-\lambda)t}{\lambda}}^{1} v\mathrm{d}f(v)=1-p-\frac{(1-\lambda)t}{\lambda} \tag{3-2}$$

在式（3-2）中，$f(v)$ 为 v 的概率密度函数。

在制造商与在线零售商合作过程中，考虑在线零售商直接面对消费者并接收消费者退货的产品，假设消费者的退货成本为在线零售商私有信息，分别用 t_L 和 t_H 表示，$t_L/t_H<1$，t_L 为低退货成本（L 类型）；t_H 为高退货成本（H 类型）。而远离市场的制造商仅知道消费者退货成本为 t_L 的概率为 ρ，为 t_H 的概率为 $1-\rho$。因此，为诱使在线零售商披露其拥有的私有信息，制造商设计一组合同菜单 $\{w_i,f_i\}$（$i=L$ or H），其中 w_i 为产品批发

价格，f_i 为在线零售商向制造商支付的一次性转移支付，如特许经营费、加盟费等。

假设制造商的边际生产成本为常量，为便于分析且不失一般性，标准化为零。在提供退款保证情形下，当发生消费者退货时，考虑在线零售商和制造商需要承担退货产品的再次库存、运输、再次包装、再次加工等成本，故参考 Xia 等（2017），假设消费者退货行为均会给在线零售商和制造商造成退货损失，并分别用 r_O 和 r_M 来表示单位退货产品给制造商和在线零售商带来的退货损失。符号定义与说明见表 3－1。

表 3－1　符号定义与说明

符号	定义与说明
λ	产品符合消费者需求的概率，$0<\lambda<1$
v	消费者的支付意愿或对产品的估值，$v\sim U[0,1]$
p	在线零售商决策的产品零售价格
t	消费者退货成本，存在低成本类型 t_L 和高成本类型 t_H 两种情形
w	制造商决策的产品批发价格
f	制造商决策的一次性转移支付，如加盟费、特许经营费等
q	产品需求或购买产品的消费者数量
ρ	消费者退货成本为低成本类型的概率，$0<\rho<1$
r_O	单位退货产品给在线零售商造成的退货损失
r_M	单位退货产品给制造商造成的退货损失
$E(u)$	消费者购买产品获得的预期净效用
CS	消费者剩余
π_O	在线零售商获得的利润
π_M	制造商获得的利润

第二节 模型构建与求解

本节将分析制造商与在线零售商的最优决策，其中制造商需要确定产品批发价格合同 $\{w_i, f_i\}$（$i = L, H$），在线零售商需要确定产品零售价格 p_i。根据逆向归纳法，假定在制造商与在线零售商达成合作的基础上，即根据批发价格合同 $\{w_i, f_i\}$，在线零售商的最优反应函数为 $p_i^*(w_i, f_i)$；然后，根据在线零售商的最优定价决策，制造商设计最优的批发价格合同为 $\{w_i^*, f_i^*\}$。接下来，分别在对称信息和不对称信息情形下，求解制造商与在线零售商的最优决策。

接下来，分别针对对称信息和不对称信息情形，考察在线零售商的最优定价策略以及制造商的最优合同设计。为简化分析，用字符“N”表示“对称信息情形”，用字符“A”表示“不对称信息情形”。

一 对称信息下最优定价与合同设计

为考察不对称信息对在线零售商定价以及制造商合同设计的影响，本节先给出对称信息下的供应链均衡。在对称信息下，制造商知道消费者类型为 $i(i = L, H)$，并设计合同 $\{w_i, f_i\}$。此时，制造商需要解决如下优化问题：

$$\begin{cases} \max\limits_{w_i, f_i} \pi_M(w_i, f_i) = w_i \lambda q(p_i^*) - r_M(1-\lambda) q(p_i^*) + f_i \\ \text{s. t.} \quad (\text{IR}) \pi_O(p_i^*) = (p_i - w_i) \lambda q(p_i^*) - r_O(1-\lambda) q(p_i^*) - f_i \geqslant 0 \\ \qquad 0 \leqslant q(p_i^*) \leqslant 1, w_i, f_i \geqslant 0, i = L, H \end{cases} \tag{3-3}$$

其中，

$$\begin{cases}\max\limits_{p_i \geqslant w_i} \pi_O(p_i) = (p_i - w_i)\lambda q(p_i) - r_O(1-\lambda)q(p_i) - f_i \\ \text{s. t.} \quad 0 \leqslant q(p_i) < 1, i = L, H\end{cases} \tag{3-4}$$

在式（3－3）中，制造商的利润 $\pi_M(w_i, f_i)$ 来自产品批发销售收益 $w_i\lambda q(p_i^*)$，在线零售商支付的一次性转移支付为 f_i，产品退货给其造成的退货损失为 $r_M(1-\lambda)q(p_i^*)$。约束式（IR）为个体理性约束，假设制造商知道在线零售商的保留利润为 0。那么，约束式（IR）表示在线零售商获得的利润不能小于其保留利润，即说明在线零售商一定会接受制造商的合同。采用 Kuhn-Tucker 方法求解上述优化问题，可得唯一最优解。在式（3－4）中，在线零售商的利润 $\pi_O(p_i)$ 为产品销售收益 $p_i\lambda q(p_i)$ 减去产品批发成本支出 $w_i\lambda q(p_i)$、支付给制造商的一次性转移支付 f_i 以及产品退货给其造成的退货损失 $r_O(1-\lambda)q(p_i)$。

求解对称信息下的优化问题，采用逆向归纳方法，根据式（3－4）先求解在线零售商的定价反应函数。对 π_O 求解关于 p_i 的二阶偏导数，得到 $\partial^2\pi_O/\partial p_i^2 = -2\lambda < 0$，即 π_O 为关于 p_i 的凹函数，故根据最优性一阶条件：

$$\frac{\partial \pi_O}{\partial p_i} = (1 - 2p_i + w_i)\lambda - (1-\lambda)(t_i - r_O) = 0$$

可以得到，在给定合同 $\{w_i, f_i\}$（$i = L$ or H）下，零售商的最优定价策略 $p_i^*(w_i, f_i)$ 为：

$$p_i^*(w_i, f_i) = \frac{\lambda(1 + w_i) - (1-\lambda)(t_i - r_O)}{2\lambda}$$

然后，将 $p_i^*(w_i, f_i)$ 代入式（3－3），容易知道，$\pi_M(w_i,$

f_i）为关于 w_i 的凹函数（$\partial^2\pi_M/\partial w_i^2=-\lambda<0$），为关于 f_i 的一次函数，故存在内点解 $w_i^{N^*}$ 和角点解 $f_i^{N^*}$，即存在唯一最优解。采用 Kuhn-Tucker（KT）方法进行求解，构建 Lagrange 函数：

$$L(w_i,f_i;\chi)=w_i\lambda q(p_i^*)-r_M(1-\lambda)q(p_i^*)+f_i+\chi[(p_i-w_i)\lambda q(p_i^*)-r_O(1-\lambda)q(p_i^*)-f_i]$$

根据 $L(w_i,f_i;\chi)$，分别求解关于 w_i、f_i、χ 的一阶偏导数，得到 KT 条件为：

$$\frac{\partial L}{\partial w_i}=0,\frac{\partial L}{\partial f_i}=0,\frac{\partial L}{\partial \chi}\geqslant 0,\chi\geqslant 0 \text{ 且 } \chi\frac{\partial L}{\partial \chi}=0$$

联立上述 KT 条件，求解得到唯一一组解，并满足非负条件，即可得到如下定理 3.1。

定理 3.1 设 $\gamma=\lambda-(1-\lambda)(r_M+r_O)$，则在对称信息下，在线零售商最优定价策略 $p_i^{N^*}(i=L,H)$ 与制造商的最优合同设计 $\{w_i^{N^*},f_i^{N^*}\}$ 分别为

（1）当 $t=t_L$ 时，$p_L^{N^*}=\dfrac{\lambda(1+w_L^{N^*})-(1-\lambda)(t_L-r_O)}{2\lambda}$，$w_L^{N^*}=\dfrac{(1-\lambda)r_M}{\lambda}$，$f_L^{N^*}=\dfrac{[\gamma-(1-\lambda)t_L]^2}{4\lambda}$；

（2）当 $t=t_H$ 时，$p_H^{N^*}=\dfrac{\lambda(1+w_H^{N^*})-(1-\lambda)(t_H-r_O)}{2\lambda}$，$w_H^{N^*}=\dfrac{(1-\lambda)r_M}{\lambda}$，$f_H^{N^*}=\dfrac{[\gamma-(1-\lambda)t_H]^2}{4\lambda}$。

定理 3.1 给出了对称信息下的制造商最优合同设计。容易发现，在对称信息下，制造商决策的最优批发价格 $w_i^{N^*}$ 并不会受到消费者退货成本的影响，仅与其退货损失有关。并且，随

着退货损失的增大，制造商将提高其批发价格，以此来缓解退货损失给其带来的不利影响。对于一次性转移支付 $f_i^{N^*}$，则会受到消费者退货成本、在线零售商退货损失以及制造商退货损失的影响，且 $f_i^{N^*}$ 总是会随着 t_i、r_O 或 r_M 的增大而减小。

根据定理3.1，可得对称信息下的最优产品零售价格和产品需求分别为 $q_i^{N^*}=\dfrac{\gamma-(1-\lambda)t_i}{2\lambda}$；将 $p_i^{N^*}$、$w_i^{N^*}$ 分别代入式（3－3）、式（3－4），可以得到对称信息下的制造商和在线零售商利润分别为 $\pi_{Oi}^{N^*}=0$、$\pi_{Mi}^{N^*}=\dfrac{[\gamma-(1-\lambda)t_i]^2}{4\lambda}$；此外，还可以发现，在对称信息下，在线零售商仅能够获得其保留利润，而制造商会占有整个供应链的利润份额。此时，供应链系统利润即为制造商的利润，即 $\pi_{SCi}^{N^*}=\pi_{Mi}^{N^*}$。进一步分析消费者剩余 CS，可以得到：

$$CS=\lambda\int_{p+\frac{(1-\lambda)t}{\lambda}}^{1}(v-p)\mathrm{d}F(v)+(1-\lambda)\int_{p+\frac{(1-\lambda)t}{\lambda}}^{1}(-t)\mathrm{d}F(v)=\frac{[\lambda(p-1)+(1-\lambda)t]^2}{2\lambda}\tag{3-5}$$

在式（3－5）中，$F(v)$ 为 v 的累积分布函数。当产品符合消费者需求时，消费者剩余为 $\lambda\int_{p+\frac{(1-\lambda)t}{\lambda}}^{1}(v-p)\mathrm{d}F(v)$；而当产品不符合消费者需求时，消费者选择退货并能获得全额退款，消费者仅损失退货成本 t，故消费者剩余为 $(1-\lambda)\int_{p+\frac{(1-\lambda)t}{\lambda}}^{1}(-t)\mathrm{d}F(v)$。将 $p_i^{N^*}$ 代入式（3－5），易得 $CS_i^{N^*}=[\gamma-(1-\lambda)t_i]^2/8\lambda$。可以知道，消费者退货成本、在线零售商退货损失以及制造商退货损失均会对消费者剩余产生不利。也就是说，由于消费者退货行为的存在，会导致消费者、制造商以及在线零售商均发生退货损失，进而导致消费者剩余的损失。

命题 3.1 在对称信息下，在线零售商确定的最优产品零售价格能够达到集中式决策下的最优值，表现为：$p_i^{N^*}=p_i^{C^*}(i=L,H)$；制造商通过设计合同$\{w_i^{N^*},f_i^{N^*}\}$，供应链系统利润和消费者剩余亦能达到集中式决策下的最优水平，即 $\pi_{SCi}^{N^*}=\pi_{SCi}^{C^*}$、$CS_i^{N^*}=CS_i^{C^*}$。用字符“$C$”表示“集中决策”。

证明：将制造商与在线零售商视为集中的决策主体，得到集中式决策下的优化问题为：

$$\begin{cases}\max\limits_{p_i}\pi_{SC}(p_i)=p_i\lambda q(p_i)-(r_M+r_O)(1-\lambda)q(p_i)\\ \text{s.t.}\quad 0\leqslant q(p_i)\leqslant 1,p_i\geqslant 0,i=L,H\end{cases}$$

在上述优化问题中，供应链系统利润 $\pi_{SC}(p_i)$ 来自产品销售收益，减去消费者退货给供应链造成的退货损失。通过求解，容易得到，当消费者类型为 $i(i=L \text{ or } H)$ 时，$p_i^{C^*}=1-\dfrac{\gamma+(1-\lambda)t_i}{2\lambda}$；进而得到供应链系统利润 $\pi_{SCi}^{C^*}$和消费者剩余 $CS_i^{C^*}$。然后，与定理 3.1 所得结果进行比较，易得：$p_i^{N^*}=p_i^{C^*}$、$\pi_{SCi}^{N^*}=\pi_{SCi}^{C^*}$、$CS_i^{N^*}=CS_i^{C^*}$。

命题 3.1 表明，在对称信息下，制造商通过“批发价格 + 一次性转移支付”的合同设计能够实现供应链的完美协调。可以发现，消费者的退货行为会导致供应链系统利润的损失，即随着制造商与在线零售商的退货损失之和，即供应链退货损失的增大，供应链系统利润降低。

二　不对称信息下最优定价与合同设计

在不对称信息下，制造商并不能准确知晓消费者退货成本信息，仅知晓消费者退货成本类型为 $i(i=L,H)$ 的概率。此时，制造商以其期望利润 π_M 最大化为目标，设计一组合同菜单 $\{w_H,f_H\}$ 和 $\{w_L,f_L\}$ 甄别消费者退货成本类型信息。由此，可以得到不对称信息下制造商面临如下优化问题为：

$$\begin{cases}\max\limits_{w_H,f_H,w_L,f_L}\pi_M=\rho\pi_M(w_H,f_H)+(1-\rho)\pi_M(w_L,f_L)\\ \text{s.t.}\ \ (\text{IR}-\text{L})\pi_O(p_H\,|\,w_H,f_H)\geqslant 0\\ \qquad(\text{IR}-\text{H})\pi_O(p_L\,|\,w_L,f_L)\geqslant 0\\ \qquad(\text{IC}-\text{L})\pi_O(p_L\,|\,w_L,f_L)\geqslant\pi_O(p_L\,|\,w_H,f_H)\\ \qquad(\text{IC}-\text{H})\pi_O(p_H\,|\,w_H,f_H)\geqslant\pi_O(p_H\,|\,w_L,f_L)\\ \qquad 0\leqslant q(p_i^*)\leqslant 1,w_i,f_i\geqslant 0,i=L\text{ or }H\end{cases}\tag{3-6}$$

其中，

$$\begin{cases}\max\limits_{p_i\geqslant w_i}\pi_O(p_i)=(p_i-w_i)\lambda q(p_i)-r_O(1-\lambda)q(p_i)-f_i\\ \text{s.t.}\ \ 0\leqslant q(p_i)<1,i=L\text{ or }H\end{cases}\tag{3-7}$$

在式（3-6）中，制造商的目标函数为在两种类型消费者下获得利润的期望。约束式（IR-L）为个体理性约束，表示在不同市场条件下，在线零售商接受合同所得的利润不能低于其保留利润。约束式（IC-L）为激励相容约束，以保证在线零售商会根据真实的消费者类型选择相应的合同，其中 $p_L^{H^*}$ $(p_H^{L^*})$、$q(p_L^{H^*})[q(p_H^{L^*})]$ 分别表示当消费者为 $L(H)$ 类型时在线零售商选择合同 $\{w_H,f_H\}(\{w_L,f_L\})$ 下的最优定价以及相应的产品需求。

定理 3.2　在不对称信息下，得到制造商设计的最优合同 $\{w_i^{A^*},f_i^{A^*}\}(i=L,H)$ 与在线零售商最优定价决策 $p_i^{A^*}$，见表 3-2。

表 3－2　不对称信息下的供应链均衡

i	L	H
$w_i^{A^*}$	$\frac{(1-\lambda)r_M}{\lambda}$	$\frac{(1-\lambda)[(1-\rho)r_M+\rho(t_H-t_L)]}{\lambda(1-\rho)}$
$f_i^{A^*}$	$\frac{\rho(1-\lambda)(t_H-t_L)\Lambda_1}{4\lambda(1-\rho)^2}+f_H^{A^*}$	$\frac{\rho(1-\lambda)(t_H-t_L)+(1-\rho)[(1-\lambda)t_H+\gamma-\lambda]^2}{4\lambda(1-\rho)^2}$
$p_i^{A^*}$	$\frac{(-r_M-r_O+t_L+1)\lambda+r_M+r_O-t_L}{2\lambda}$	$\frac{\rho(1-\lambda)(t_H-t_L)+\lambda(1-\rho)(1-\lambda)(r_M+r_O-t_H)}{2(1-\rho)\lambda}$

在表3-2中，$\Lambda_1 = 2\lambda\rho + 2(1-\rho)\gamma - (1-\lambda)[(2-\rho)t_L - \rho t_H]$

定理3.2给出了不对称信息下的制造商最优合同设计。针对不同类型的消费者，制造商设计了一组合同菜单$\{w_L^{A^*}, f_L^{A^*}\}$和$\{w_H^{A^*}, f_H^{A^*}\}$，甄别在线零售商拥有的关于消费者退货成本的私有信息。当消费者为H类型时，最优批发价格与消费者退货成本t_H无关；当消费者为L类型，最优批发价格则会同时受到t_L和t_H的影响。对于一次性转移支付而言，则不管消费者为何种类型，均会受到消费者退货成本、制造商和在线零售商退货损失的影响。此外，由约束式（IC-L）和（IR-H）为紧约束可知，在给定的批发价格$w_L^{A^*}$和$w_H^{A^*}$下，一次性转移支付$f_L^{A^*}$和$f_H^{A^*}$也是确定的。

根据定理3.2，在不对称信息下，针对不同的消费者类型以及在线零售商确定的最优产品零售价格$p_L^{A^*}$和$p_H^{A^*}$，即可得到产品需求分别为$q_L^{A^*}$、$q_H^{A^*}$。进而，将$\{w_L^{A^*}, f_L^{A^*}\}$和$\{w_H^{A^*}, f_H^{A^*}\}$代入式（3-6），可以得到制造商的利润分别为$\pi_{ML}^{A^*}$、$\pi_{MH}^{A^*}$，在线零售商的利润分别为$\pi_{OL}^{A^*}$、$\pi_{OH}^{A^*}$；根据式（3-5），可得消费者剩余分别为$CS_L^{A^*}$、$CS_H^{A^*}$。

推论3.1　针对不同的消费者类型，即在不同类型消费者退货成本下，比较制造商设计的最优合同与在线零售商决策的最优产品零售价格，可以得到：

（1）$w_L^{A^*} < w_H^{A^*}$；当$r_M + r_O < \dfrac{2\lambda - (1-\lambda)[\rho t_H + (2-3\rho)t_L]}{2(1-\rho)(1-\lambda)}$时，$f_L^{A^*} > f_H^{A^*}$；

（2）当$\rho > \dfrac{1}{2}$时，$p_L^{A^*} < p_H^{A^*}$。

证明：根据定理3.2，比较不同情形下的$\{w_i^{A^*}, f_i^{A^*}\}$和$p_i^{A^*}$，即可得，略。

由推论 3.1 可知，当消费者为 L 类型时，制造商将设置较低的批发价格，以诱使在线零售商制定较低的零售价格来吸引更多消费者购买产品。与此同时，制造商通过调整一次性转移支付的大小来满足在线零售商的参与约束，即当 L 类型消费者退货行为给供应链带来的损失较小时，制造商将提高一次性转移支付来保证在线零售商能够参与合作。对于在线零售商而言，由于其定价策略还与退货损失、消费者退货成本等因素有关，故较低的批发价格并不一定能够诱使在线零售商制定较低的产品零售价格。具体分析，针对不同类型的消费者，在线零售商的最优定价策略取决于消费者为 L 类型的概率，仅当 $\rho > 1/2$ 时，在线零售商才会针对 L 类型的消费者制定较高的零售价格。该推论表明，制造商的最优合同设计需要同时考虑对在线零售商最优定价的影响和满足在线零售商的参与约束，而在线零售商则通过权衡批发价格和不同类型消费者退货成本大小来确定最优产品零售价格。

命题 3.2 当发生消费者退货时，退货产品会给消费者、制造商以及在线零售商造成退货损失，进而影响供应双方的定价策略，可以得到：

(1) $\dfrac{\partial w_i^{A^*}}{\partial t_i} \geqslant 0$，$\dfrac{\partial w_i^{A^*}}{\partial r_M} > 0$，$\dfrac{\partial w_i^{A^*}}{\partial r_O} = 0$；

(2) $\dfrac{\partial p_i^{A^*}}{\partial t_i} < 0$，$\dfrac{\partial p_i^{A^*}}{\partial r_M} > 0$，$\dfrac{\partial p_i^{A^*}}{\partial r_O} > 0$。

证明：对 $w_i^{A^*}(i = L \text{ or } H)$ 分别求解关于 t_i、r_O、r_M 的一阶偏导数，可以得到：

$$\frac{\partial w_L^{A^*}}{\partial t_L} = 0, \frac{\partial w_H^{A^*}}{\partial t_H} = \frac{\rho(1-\lambda)}{\lambda(1-\rho)} > 0; \frac{\partial w_L^{A^*}}{\partial r_O} = \frac{\partial w_H^{A^*}}{\partial r_O} = 0, \frac{\partial w_L^{A^*}}{\partial r_M} = \frac{\partial w_H^{A^*}}{\partial r_M} = \frac{1-\lambda}{\lambda} > 0$$

对 $p_i^{A^*}(i = L \text{ or } H)$ 分别求解关于 t_i、r_O、r_M 的一阶偏导数，

可以得到：

$$\frac{\partial p_L^{A^*}}{\partial t_L} = -\frac{1-\lambda}{2\lambda} < 0, \frac{\partial p_H^{A^*}}{\partial t_H} = -\frac{(1-\lambda)(1-2\rho)}{2\lambda(1-\rho)} < 0;$$

$$\frac{\partial p_L^{A^*}}{\partial r_O} = \frac{\partial p_H^{A^*}}{\partial r_O} = \frac{1-\lambda}{2\lambda} > 0, \frac{\partial p_L^{A^*}}{\partial r_M} = \frac{\partial p_H^{A^*}}{\partial r_M} = \frac{1-\lambda}{2\lambda} > 0$$

命题 3.2 表明，随着消费者退货成本的增大，若消费者为 L 类型，则制造商的最优批发价格决策不受影响（$\partial w_L^{A^*}/\partial t_L = 0$）；若消费者为 H 类型，则制造商会提高批发价格（$\partial w_H^{A^*}/\partial t_H > 0$）；但对在线零售商而言，由于消费者退货成本对产品需求不利，故在线零售商会适当地降低产品零售价格来激励消费者购买产品。当消费者退货给制造商造成的损失较大时，制造商将会提高批发价格来弥补其部分损失，由此也导致在线零售商相应地提高产品零售价格。此外，还可以发现，制造商的最优定价决策并不会受在线零售商退货损失的影响，而在线零售商为避免消费者退货给其带来较大的损失，将会实施高价策略。

图 3－1 绘制了消费者购买行为，可以发现：随着消费者退货成本的增大，产品需求降低，即当消费者退货成本增加 Δt 时，若在线零售商确定的产品零售价格保持不变，则产品需求会降低 $\Delta q = (1-\lambda)\Delta t/\lambda$。因此，为了避免可能存在的消费者退货行为以及退货成本对产品需求的不利影响，在线零售商需求根据消费者退货成本情况适当地降低产品零售价格。

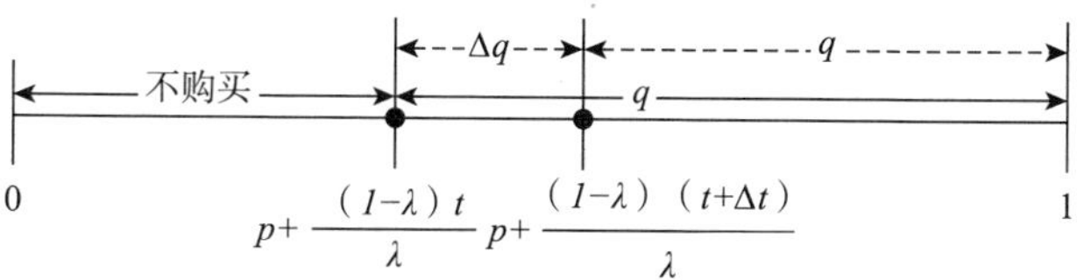

图 3－1　消费者购买行为

第三节 信息价值与退款保证价值分析

在上节中，通过构建不同信息结构下的供应链博弈模型，求解得到了对称信息和不对称信息下的供应双方最优决策。本节将考察供应双方企业之间存在的不对称信息如何影响供应链均衡，在线零售商向消费者提供退款保证是否对其有利，以及退款保证是否对消费者有利等问题。为此，本节将先分析不对称信息的存在对制造商、在线零售商以及供应链系统利润的影响，即信息价值；然后再考察退款保证对供应链均衡、供应链成员利润以及消费者剩余的影响，即退款保证价值。

一 信息价值分析

本节将从制造商、在线零售商以及整个供应链的角度来分析信息价值。先令对称（不对称）信息下的制造商、在线零售商以及供应链系统的期望利润分别为 $\pi_M^{N^*}$、$\pi_O^{N^*}$、$\pi_{SC}^{N^*}$（$\pi_M^{A^*}$、$\pi_O^{A^*}$、$\pi_{SC}^{A^*}$）。根据定理 3.1，可知对称信息下在线零售商没有利润，由此可得 $\pi_{SC}^{N^*}=\pi_M^{N^*}$。不对称信息下，若消费者为 H 类型，则在线零售商没有利润；若消费者为 L 类型，则在线零售商能够获得额外信息租金 $\pi_{OL}^{A^*}$，因而在线零售商的信息租金为 $\Delta\pi_O=\rho\pi_{OL}^{A^*}$。由此，也可以知道，供应链系统的期望利润等于制造商与在不对称信息下的期望利润之和，即 $\pi_{SC}^{A^*}=\pi_M^{A^*}+\rho\pi_{OL}^{A^*}$。对于制造商来说，其信息价值为信息对称与不对称下的期望利润之差，即 $\Delta\pi_M=\pi_M^{N^*}-\pi_M^{A^*}$。对于整个供应链而言，其信息价值等于信息对称与不对称下的供应链系统利润之差，即供应链损失 $\Delta\pi_{SC}=$

$\pi_{SC}^{N^*}-\pi_{SC}^{A^*}$。

命题 3.3　比较对称信息和不对称信息下的制造商、在线零售商以及供应链系统的利润水平，考察制造商信息价值、在线零售商信息租金以及供应链损失有如下关系：

（1）$\Delta\pi_M>0$，$\Delta\pi_O>0$，$\Delta\pi_{SC}>0$；

（2）$\Delta\pi_M=\Delta\pi_{SC}+\Delta\pi_O$。

证明：根据定理 3.1 和定理 3.2，比较信息对称与不对称下的制造商、零售商以及供应链系统利润，可以得到：

$$\Delta\pi_M=\frac{\rho(1-\lambda)(t_H-t_L)\{2(1-\rho)[\gamma-(1-\lambda)t_H]+(1-\lambda)(t_H-t_L)\}}{4\lambda(1-\rho)}>0,$$

$$\Delta\pi_O=\frac{\rho(1-\lambda)(t_H-t_L)\{2(1-\rho)[\gamma-(1-\lambda)t_H]+(1-3\rho)(1-\lambda)(t_H-t_L)\}}{4(1-\rho)\lambda}>0,$$

$$\Delta\pi_{SC}=\frac{\rho^2\ (1-\lambda)^2\ (t_H-t_L)^2}{4\lambda\ (1-\rho)^2},$$

根据上述结果，比较 $\Delta\pi_M$、$\Delta\pi_O$、$\Delta\pi_{SC}$，容易验证：$\Delta\pi_M-\Delta\pi_O=\Delta\pi_{SC}$。

命题 3.3 表明，不对称信息的存在对供应双方的影响都会造成制造商、在线零售商以及供应链系统期望利润的变化。当消费者为 L 类型时，与对称信息对比，不对称信息的存在尽管不会影响制造商的最优批发价格决策（$w_L^{A^*}=w_L^{N^*}$），但制造商需要通过一次性转移支付给予在线零售商一定的“信息共享费”，由此可以使供应链系统利润达到最优水平（$\pi_{SCL}^{A^*}=\pi_{SCL}^{N^*}$）。当消费者为 H 类型时，在不对称信息下，制造商需要设计较高的批发价格（$w_H^{A^*}>w_H^{N^*}$）来规制在线零售商如实选择合同$\{w_H^{A^*}, f_H^{A^*}\}$，由此导致制造商利润损失（$\pi_{ML}^{A^*}<\pi_{ML}^{N^*}$），而在线零售商则通过提高产品零售价格（$p_H^{A^*}>p_H^{N^*}$）来获得更多利润

（$\pi_{OL}^{A^*} > \pi_{OL}^{N^*}$），因而也造成了供应链系统利润的损失。这也意味着，供应链系统内部的信息不对称不一定会造成供应链系统利润损失，有可能仅导致利益在供应链系统内部重新分配。

另外，根据命题 3.3，还可以发现，制造商信息价值同时包含了在线零售商信息租金和供应链损失，这也意味着制造商可以通过权衡在线零售商信息租金和供应链损失，以最小化自身信息价值，从而实现自身期望利润最大化。此外，还可以发现，供应链系统的期望利润损失总是会随着不同类型消费者退货成本差异的增大而增大，可以验证：$\partial\Delta\pi_{SC}/\partial(t_H - t_L) > 0$。

推论 3.2 比较信息对称与不对称下的消费者剩余，考察不对称信息对消费者剩余的影响，可以得到：

（1）$CS_L^{A^*} = CS_L^{N^*}$；

（2）当$\rho < 1 - \dfrac{(1-\lambda)(t_H - t_L)}{2[\gamma - (1-\lambda)t_H] + (1-\lambda)(t_H - t_L)}$时，$CS_H^{A^*} < CS_H^{N^*}$。

证明：根据定理 3.1 和定理 3.2，比较不同情形下的消费者剩余，易得，略。

推论 3.2 表明，不对称信息的存在有可能会导致消费者剩余的损失。当消费者为 L 类型时，由于制造商设计的合同可以使在线零售商决策的最优产品零售价格实现对称信息下的最优水平（$p_L^{A^*} = p_L^{N^*}$），故而消费者剩余保持不变。当消费者为 H 类型时，尽管不对称信息会使在线零售商实施高价策略（$p_H^{A^*} > p_H^{N^*}$），但消费者剩余还受到消费者退货成本的影响，故而仅当消费者为 L 类型的概率或者市场上为 L 类型消费者的比例较低时，不对称信息的存在才会给消费者剩余带来不利。

在本书研究的供应链模型中，考虑在制造商与在线零售商的长期合作中，制造商往往具有一定的谈判力，并假设制造商的谈判力为 δ，则在线零售商的谈判力为 $(1-\delta)$。下面将从谈判的角度来进一步讨论信息价值。为简化表达，先定义：$\bar{\delta}=1-\frac{\rho^{2}(1-\lambda)^{2}(t_{H}-t_{L})^{2}}{(1-\rho)^{2}[\gamma-(1-\lambda)t_{H}]^{2}}$。

命题 3.4 （1）当消费者为 L 类型时，制造商通过支付“信息共享费”可以实现供应链系统利润最优，故在线零售商不会与制造商达成谈判；（2）当消费者为 H 类型时，若制造商的谈判力满足条件 $\bar{\delta}\leqslant\delta\leqslant1$，则具有信息优势的在线零售商会愿意披露其拥有的私有信息，从而与制造商分享整个供应链的利润。

证明：当消费者为 H 类型时，假设零售商自愿披露其拥有的私有信息，而制造商也愿意与其进行谈判，供应链系统将实现对称信息下的利润。由此，分析制造商与零售商达成谈判所需满足的条件：一是零售商谈判所得的利润需要满足 $(1-\delta)\pi_{SCH}^{N^*}\geqslant\pi_{OH}^{A^*}$，由于 $\pi_{OH}^{A^*}=0$，故在 $0\leqslant\delta\leqslant1$ 条件下 $(1-\delta)\ \pi_{SCH}^{N^*}\geqslant\pi_{OH}^{A^*}$ 总是成立；二是制造商谈判所得利润需要满足 $\delta\pi_{SCH}^{N^*}\geqslant\pi_{MH}^{A^*}$，可求得 $\delta\geqslant\bar{\delta}$。因此，可以得到制造商与零售商达成谈判的条件为 $\bar{\delta}\leqslant\delta\leqslant1$。

命题 3.4 表明，在不同的市场条件下，制造商并不总是能够与在线零售商达成谈判。针对制造商设计的一组合同菜单，当消费者为 L 类型时，在线零售商的信息优势体现在可以选择针对 H 类型消费者的合同来获得利润。此时，为激励在线零售商根据消费者类型如实选择合同，制造商需要向在线零售商支付等量的信息租金作为“信息共享费”，故而制造商与在线零售商之间不能达成谈判。当消费者为 H 类型时，制造商通过权衡在线零售商信息租金和供应链损失，使得在线零售商仅能获得其保留利润，因此在线零售商总是愿意谈判。具体分析，当消费者为 H 类型时，仅当制造商的谈判力满足条件 $\bar{\delta}\leqslant\delta\leqslant 1$，供应双方才能达成谈判。

二　退款保证价值分析

为分析在线零售商提供退款保证的价值，先给出没有退款保证情形下的供应链定价与合同设计。在没有退款保证情形下，消费者购买产品获得的预期净效用为 $E(\hat{u})=\lambda(v-\hat{p})+(1-\lambda)(-\hat{p})=\lambda v-\hat{p}$，消费者根据 $\max[\mathrm{E}(\hat{u}),0]$ 来决定是否购买产品。由此，容易得到，产品需求为 $\hat{q}=1-\hat{p}/\lambda$。

在没有退款保证情形下，不存在消费者退货，即不存在消费者退货成本，故而制造商与在线零售商之间也就不存在信息不对称。因此，在完全信息下，制造商面临的优化问题为

$$\begin{cases}\max\limits_{\hat{w}\geqslant 0,\hat{f}\geqslant 0}\ \hat{\pi}_M(\hat{w},\hat{f})=\hat{w}q(\hat{p}^*)+\hat{f}\\ \text{s. t.}\ \ (\mathrm{IR})\,\pi_O(\hat{p}^*)=(\hat{p}-\hat{w})q(\hat{p}^*)-\hat{f}\geqslant 0\end{cases}\tag{3-7}$$

其中，

$$\hat{p}^*(\hat{w},\hat{f})=\mathop{\mathrm{argmax}}\limits_{\hat{p}\geqslant\hat{w}}[(\hat{p}-\hat{w})q(\hat{p})-\hat{f}]\tag{3-8}$$

在式（3-7）中，由于不存在消费者退货，因此制造商的利润 $\hat{\pi}_M$ 为产品批发销售收益，加上在线零售商支付的一次性转移支付；在线零售商的利润 $\hat{\pi}_O$ 为产品销售收益，减去给予制造商的一次性转移支付。采用逆向归纳法求解，得到定理 3.3。

求解上述优化问题，采用逆向归纳法，分为两个步骤求解。首先，根据式（3-8），求解在线零售商的定价反应函数。求解

$\hat{\pi}_O$ 关于 $\hat{p}$ 的二阶偏导数，易得$\frac{\partial^2 \hat{\pi}_O}{\partial \hat{p}^2} = -\frac{2}{\lambda} < 0$，即 $\hat{\pi}_O$ 为关于 $\hat{p}$ 的凹函数。因此，根据最优性一阶条件可以得到零售商的反应函数为：

$$\hat{p}^*(\hat{w},\hat{f}) = \frac{\lambda + \hat{w}}{2}$$

然后，根据式（3－7）求解制造商的最优合同设计。将 $\hat{p}^*(\hat{w},\ \hat{f})$ 代入式（3－7），可以得到：

$$\hat{\pi}_M(\hat{w},\hat{f}) = \frac{(\hat{w} + 2\hat{f})\lambda - \hat{w}^2}{2\lambda}$$

考虑在满足在线零售商的参与约束下，不会给予在线零售商更多的利润，故约束式（IR）为紧约束，可得 $\hat{f} = \frac{(\hat{w} - \lambda)^2}{4\lambda}$。并且，容易验证，$\hat{\pi}_M(\hat{w},\ \hat{f})$ 为关于 $\hat{w}$ 的凹函数，故根据最优性一阶条件可得 $\hat{w}^* = 0$。进而可以得到 $\hat{f}^*$、$\hat{p}^*$，见定理 3.3。

定理 3.3　在没有退款保证情形下，制造商的最优合同设计 $(\hat{w}^*,\ \hat{f}^*)$ 与在线零售商的最优定价决策为

$$\hat{w}^* = 0, \hat{f}^* = \frac{\lambda}{4}; \hat{p}^* = \frac{\lambda}{2}$$

定理 3.3 给出没有退款保证情形下的供应链均衡。可以发现，在没有退款保证情形下，制造商通过一次性转移支付能够获取供应链全部的利润份额，即 $\hat{\pi}_M^* = \lambda/4$，$\hat{\pi}_O^* = 0$。并且，在线零售商确定的产品零售价格总是会随产品符合消费者需求概率的增大而增大。进一步分析消费者剩余，当产品符合消费者需求时，消费者剩余为 $\int_{\frac{\hat{p}}{\lambda}}^{1}(v - \hat{p})\mathrm{d}F(v)$；当产品不符合消费者需

求时，由于消费者不能够退货，故消费者剩余为$\int_{\frac{\hat{p}}{\lambda}}^{1}(-\hat{p})\mathrm{d}F(v)$。由此，在没有退款保证情形下，消费者剩余$\hat{CS}$为：

$$\hat{CS}=\lambda\int_{\frac{\hat{p}}{\lambda}}^{1}(v-\hat{p})\mathrm{d}F(v)+(1-\lambda)\int_{\frac{\hat{p}}{\lambda}}^{1}(-\hat{p})\mathrm{d}F(v)=\frac{(\hat{p}-\lambda)^2}{2\lambda} \tag{3-9}$$

根据定理3.3，将$\hat{p}^*$代入式（3-9），得到$\hat{CS}^*=\lambda/8$。容易知道，在没有退款保证情形下，由于不存在消费者退货，因而消费者剩余也不会受到消费者退货成本等因素的影响，但此时消费者剩余却会随产品符合消费者需求概率的增大而增大。

命题3.5 取$\kappa=\lambda+r_M+r_O$，表示消费者退货给供应链系统造成的退货损失。分析退款保证对在线零售商最优定价与产品需求造成的影响，可以得到：

（1）当$t_L<\kappa$时，$p_L^{A^*}>\hat{p}^*$；当$t_H<\kappa$，或者当$t_H>\kappa$且$r_O>t_H-\lambda-r_M-\frac{\rho(t_H-t_L)}{(1-\rho)}$时，$p_H^{A^*}>\hat{p}^*$；

（2）$q_i^{A^*}<\hat{q}^*(i=L \text{ or } H)$。

证明：求解$p_i^{A^*}$与$\hat{p}^*$之差，可以得到：

$$p_L^{A^*}-\hat{p}^*=\frac{(1-\lambda)(\kappa-t_L)}{2\lambda},p_H^{A^*}-\hat{p}^*=\frac{(1-\lambda)[\rho(t_H-t_L)+(1-\rho)(\kappa-t_H)]}{2\lambda(1-\rho)};$$

容易验证，当$t_i<\kappa$时，$p_i^{A^*}>\hat{p}^*$；而当$t_H>\kappa$且$r_O>t_H-\lambda-r_M-\frac{\rho(t_H-t_L)}{(1-\rho)}$时，同样存在$p_H^{A^*}>\hat{p}^*$。

求解$q_i^{A^*}$与$\hat{q}^*$之差，容易得到：

$$q_L^{A^*}-\hat{q}^*=-\frac{(1-\lambda)(r_M+r_O+t_L)}{2\lambda}<0, q_H^{A^*}-\hat{q}^*=$$

$$-\frac{(1-\lambda)[(1-\rho)(r_M+r_O)+t_H-\rho t_L]}{2\lambda(1-\rho)}<0$$

由命题3.5可知，在提供退款保证情形下，若消费者退货成本较低，则在线零售商会实施高价策略。这是因为消费者退货成本的存在会使产品需求降低（$q_i^{A^*}<\hat{q}^*$），且产品需求总是会随消费者退货成本的增大而减小，即消费者退货成本与在线零售商退货损失共同影响在线零售商的最优定价策略；另一方面，由于消费者退货行为同样会给制造商带来退货损失，制造商会通过提高其批发价格（$w_i^{A^*}>\hat{w}^*$）来弥补其退货损失，进而影响在线零售商的最优定价策略。综合以上两方面的影响，容易得到，在线零售商提供退款保证对其最优定价策略的影响取决于消费者退货成本及其给制造商、在线零售商带来的退货损失。特别地，对于 H 类型消费者来说，当其退货成本较高时，若在线零售商退货损失超过某一阈值，在线零售商同样会提高其产品零售价格。该命题表明，尽管退款保证能够在一定程度上缓解消费者购买产品的不确定性，但消费者退货成本的存在，使在线零售商提供退款保证反而会导致产品需求降低，并可能产生更高的产品零售价格，此时消费者需为此支付一定的产品溢价。

根据命题3.5，进一步从供应链成员退货损失的角度来分析，当消费者退货给在线零售商带来的退货损失较大（$r_O>t_i-\lambda-r_M$）时，实施高价策略能够有效阻止部分对产品估值较低的消费者购买产品，并弥补部分退货损失；对于制造商来说，总是会提高产品批发价格来弥补其退货损失。为简化表达，先定义如下两个阈值：

$$\hat{\rho}_1=\frac{\sqrt{\xi+4(1-\lambda)(t_H-t_L)^2\xi}-\xi}{2(1-\lambda)(t_H-t_L)^2},\hat{\rho}_2=1-\frac{(1-\lambda)(t_H-t_L)}{\lambda+\gamma-(1-\lambda)t_L}$$

在 $\bar{\rho}_1$ 和 $\bar{\rho}_2$ 中，$\xi=[\lambda+\gamma-(1-\lambda)t_H](r_M+r_O+t_H)$。

命题 3.6 比较在线零售商提供退款保证前后各个成员企业利润以及消费者剩余，考察退款保证对制造商利润、在线零售商利润以及消费者剩余的影响，可以得到：

（1）当 $\rho\in(\bar{\rho}_1, 1)$ 时，$\pi_M^{A^*}>\hat{\pi}_M^*$、$\pi_O^{A^*}>\hat{\pi}_O^*$；

（2）$CS_L^{A^*}<C\hat{S}^*$；当 $\rho\in(\bar{\rho}_2, 1)$ 时，$CS_H^{A*}>C\hat{S}^*$。

证明：根据定理 3.2 和定理 3.3，比较不同退款保证情形下的制造商与零售商期望利润，可以得到：

$\pi_M^{A^*}-\hat{\pi}_M^*=(1-\lambda)g(\rho)/4\lambda(1-\rho)$，其中 $g(\rho)=A\rho^2+B\rho+C$，$A=(1-\lambda)(t_H-t_L)^2>0$，$B=\xi>0,C=-\xi<0$。由此易知，$-B/A<0$，$C/A<0$，故 g（ρ）存在一正一负两个实根，并且，容易求得正根为 $\bar{\rho}_1$。进而比较 $\bar{\rho}_1$ 与 1 的大小，可以验证：当 $\rho=0$时，$g(0)=C<0$；当 $\rho=1$ 时，$g(0)=(1-\lambda)(t_H-t_L)^2>0$，故有 $\bar{\rho}_1<1$。因此，当 $\bar{\rho}_1<\rho<1$ 时，$\pi_M^{A^*}-\hat{\pi}_M^*>0$。

由定理 3.2 可知，$\pi_O^{A^*}>0$，而在不提供退款保证情形下，总是存在 $\hat{\pi}_O^*=0$，因而 $\pi_O^{A^*}>\hat{\pi}_O^*$。

根据不同的消费者类型，分别比较消费者剩余，可以得到：

$$CS_L^{A^*}-C\hat{S}^*=-\frac{(1-\lambda)(r_M+r_O+t_L)[\lambda+\gamma-(1-\lambda)t_L]}{8\lambda}<0,$$

$$CS_H^{A^*}-C\hat{S}^*=\frac{\{(1-\lambda)(t_H-t_L)-(1-\rho)[\lambda+\gamma-(1-\lambda)t_L]\}\Lambda}{8\lambda\ (1-\rho)^2}$$

其中，$\Lambda=(1-\lambda)(t_H-t_L)+(1-\rho)(1-\lambda)(r_M+r_O+t_L)$，

当消费者为 H 类型时，易得当 $\bar{\rho}_2 < \rho < 1$ 时，$CS_H^{A^*} - \hat{CS}^* > 0$。

命题 3.6 表明，当在线零售商提供退款保证时，制造商的利润不一定增加，但在线零售商总是能够获得更多的利润。与没有退款保证情形相比，提供退款保证存在两方面的影响：其一，根据命题 3.5，消费者退货行为会给制造商和在线零售商带来退货损失，影响二者的最优定价策略，并导致产品需求降低；其二，消费者退货成本为在线零售商的私有信息，因而在退款保证下在线零售商可以通过其拥有的信息优势来获利，可以验证：$\pi_O^{A^*} - \hat{\pi}_O^* = \Delta\pi_O$，即退款保证下在线零售商利润增量与其信息租金相等。综合上述两方面的影响，仅当消费者为 L 类型的概率或市场上 L 类型消费者比例较大时，退款保证才能有效提高制造商的利润；而对于在线零售商，单纯地从提供退款保证中并不能获得额外收益，但退款保证能够使在线零售商拥有信息优势，并据此获得额外的信息租金。

根据命题 3.6，还可以发现，退款保证对消费者剩余的影响存在一定的不确定性。当消费者为 L 类型时，尽管产品零售价格有可能降低，但退款保证对需求负效应以及可能发生的退货成本却总是会导致消费者剩余的损失；当消费者 H 类型时，为了揭示在线零售商拥有的私有信息，制造商设置的批发价格会受到消费者为 $L(H)$ 类型概率 $\rho(1-\rho)$ 的影响，因此当 ρ 满足一定条件($\rho > \bar{\rho}_2$)时，在线零售商提供退款保证才有可能提高消费者剩余。该命题也表明，虽然退款保证能在一定程度上缓解产品可能不符合消费者需求的购买风险，但由于消费者退货成本的存在以及可能要为退款保证支付的溢价，在一定条件下提供退款保证反而对消费者剩余不利。

第四节 算例分析

本节将通过数值算例来直观考察上述理论分析结果，以得到更多的管理学启示。设置参数：$t_L=0.1$，$t_H=0.2$，$r_O=0.25$，$r_M=0.4$，$\rho=0.5$，并根据$\lambda-(1-\lambda)(r_M+r_O+t_i)>0$可知，当消费者为$L$类型时，需满足$\lambda>0.44$；当消费者为$H$类型时，需满足$\lambda>0.47$。以$\lambda$为横坐标，绘制图3-2、图3-3、图3-4。

图3-2描绘了不对称信息下制造商、在线零售商以及供应链系统利润的变化曲线，观察图3-2可以发现：（1）在不对称信息下，随着λ的增大，制造商和供应链系统的期望利润随之增大，而在线零售商的期望利润先增大后减小，表明产品符合消费者需求的概率对在线零售商期望利润的影响存在一定的不确定性，但总是对制造商有利；（2）随着λ的变化，制造商期望利润比在线零售商期望利润的变化更为显著，表明当存在消费者退货时，在线零售商通过调整产品零售价格缓解对其期望利润的不利影响。

图3-3和图3-4分别描绘了消费者为L类型和H类型时的消费者剩余变化曲线。观察图3-3可以发现：（1）在不同情形下，H类型消费者的消费者剩余总是会随λ的增大而增大，且信息对称与不对称下的消费者剩余总是相等，表明不对称信息的存在并不会对L类型消费者的消费者剩余造成影响；（2）不提供退款保证情形下的消费者剩余总是高于提供退款保证情形下的值，表明提供退款保证并不一定对H类型消费者有利。

观察图3-4可以发现：（1）在不同情形下，L类型消费者的消费者剩余总是会随λ的增大而增大；（2）当取$\rho=0.5$时，

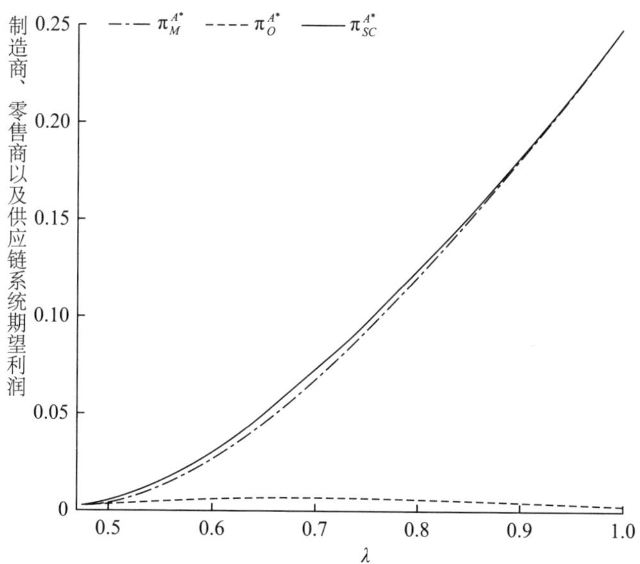

图 3-2　不对称信息下的供应链期望利润变化曲线

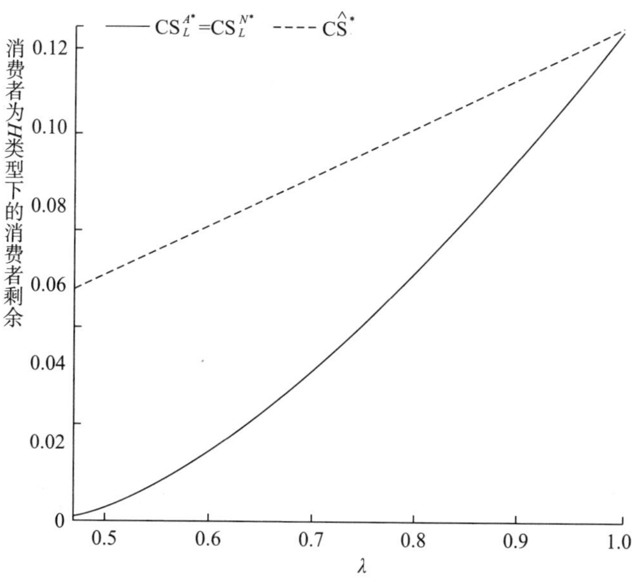

图 3-3　消费者为 *H* 类型时的消费者剩余曲线

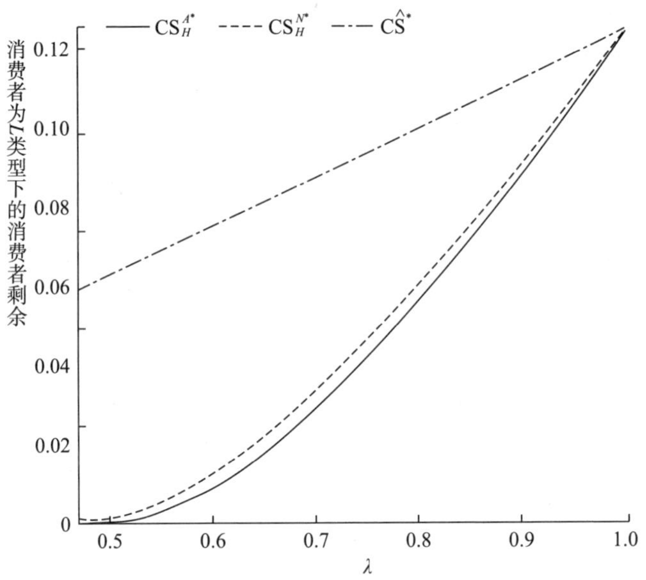

图 3-4　消费者为 L 类型时的消费者剩余曲线

结合推论 3.2，ρ 小于某一阈值，有 $CS_H^{A^*} < CS_H^{N^*}$，表明不对称信息的存在总是会导致 L 类型消费者的消费者剩余损失；（3）同理，根据命题 3.6，当 $\rho = 0.5 < \bar{\rho}_2$ 时，不提供退款保证情形下的消费者剩余总是高于提供退款保证情形下的值，表明此时提供退款保证并不能提高消费者剩余。

第五节　本章小结

本书针对由制造商和在线零售商组成的供应链，考虑了消费者可能存在的退货行为以及在线零售商向消费者提供退款保证，建立了消费者退货成本信息对称与不对称下的供应链博弈模型，研究了在线零售商的最优定价策略与制造商的最优合同设计，进而考察了不对称信息和退款保证对供应链均衡、供应链成员利润以及消费者剩余的影响。本书所得结论可总结为以下三个方面。

（1）对称信息下，制造商通过“批发价格 + 一次性转移支付”的合同设计能够实现供应链的完美协调，但消费者退货行为总是会造成供应链系统利润损失；不对称信息下，制造商的最优合同设计需要同时考虑对在线零售商最优定价策略的影响和满足在线零售商的参与约束，且针对消费者退货给供应双方带来的退货损失，二者均会实施高价策略。

（2）不对称信息对供应双方最优决策的影响会造成制造商和在线零售商的利润变化，但不一定会造成供应链系统利润损失，有可能仅导致利益在供应链系统内部的重新分配。当消费者退货成本较低（即为低类型）时，制造商通过支付“信息共享费”可以实现供应链系统利润最优；当消费者退货成本较高（即为高类型）时，若制造商的谈判力满足一定条件，则在线零售商愿意披露其拥有的私有信息，从而与制造商分享整个供应链的利润。

（3）退款保证在一定程度上能够缓解消费者线上购买的不确定性，但消费者也有可能需为此支付一定的溢价，导致产品需求降低，从而并不总是能够有效提高消费者剩余。提供退款保证尽管不能给在线零售商带来额外收益，但可以使在线零售商拥有信息优势，并据此获得信息租金；对于制造商而言，退款保证并不一定能够提高其利润水平。

本书研究的供应链仅包含一个在线零售商，现实中一个制造商往往会同时通过多个在线零售商来销售产品，因此，研究包含多个在线零售商的供应链，即竞争环境下存在不对称信息的供应链定价与合同设计问题是未来可以进一步研究的方向。

第四章　退款保证下在线零售商 O2O 渠道策略

近年来，随着互联网（移动互联网）的快速普及，越来越多的消费者选择线上渠道购买产品，如天猫、京东等。但线上渠道购物仅能通过文字、图片、视频等间接方式来了解产品，使得消费者可能购买到不满意的产品或不符合其需求的产品而发生退货，电商平均退货率达22%（Rao et al.，2014）。因而，越来越多的在线零售商开始开辟线下体验店，通过“线下体验，线上购买”O2O（offline to online）模式来改善消费者购物体验、降低产品退货率。例如，美妆电商聚美优品、眼镜电商 Warby Parker、男性服装电商 Bonobos 等均开设线下体验店来展示产品，以供消费者体验。然而，线下体验店虽然能在一定程度上减少消费者对产品是否符合其需求的不确定性，降低产品退货率（Bell et al.，2015），但线下体验渠道的引入也改变了消费者的消费需求和习惯，使得在线零售商的决策过程变得更复杂。并且，不一样的供应链渠道结构和运作流程，也有可能导致供应链成员企业决策激励失调。面对这些问题，本书基于在线零售商及其上游制造商的博弈关系分析，旨在研究在线零售商是否应该开辟 O2O 渠道及其可能存在的可行条件，O2O 渠道的引入对消费者购买行为会产生何种影响以及是否能够降低产品退货率，O2O 渠道策略能否提升供应链上下游企业的利润水平及消费者剩余等一系列问题。

在 O2O 概念被正式提出之前，有关 O2O 的企业实践早已开始，如沃尔玛公司（WalMart Inc.）在 2006 年实施的 Site to Store 战略，允许消费者在线上下单购买产品后，再到线下实体店取货；美国 Groupon 网的团购业务等。2010 年 8 月，美国 TrialPay 公司创始人 Alex Rampell 首次提出了 O2O 概念，认为 O2O 对于消费者来说是一种“发现”机制，能够为商家带来新的客流量。随着企业的 O2O 实践，其模式也在不断创新发展，“线上购买，线下消费”作为早期 O2O 的主要形式，以餐饮/住宿、电影/演出、美容洗护、休闲娱乐等团购网站为代表（Wu et al.，2015；Heo，2016；刘伟等，2016；He et al.，2016；Bhardwaj and Sajeesh，2017）。而在在线零售商 O2O 实践中，以“线上购买，线下取货”O2O（Online to Offline）和“线下体验，线上购买”O2O（Offline to Online）两种形式为主（Bell et al.，2014）。其中，在有关“线上购买，线下取货”O2O 方面，Gallino 和 Moreno（2014）考虑全渠道零售商通过线上渠道和线下渠道将产品销往市场，研究发现了“线上购买，线下取货”O2O 渠道策略所产生的消费者渠道迁移效应和零售商交叉销售效应；而 Gao 和 Su（2017）同样针对“线上购买，线下取货”O2O 渠道策略问题，论证了消费者的渠道迁移行为，但交叉销售效应却并不一定能增加零售商的利润；Cao 等（2016）研究了全渠道零售商线上到线下 O2O 渠道策略对产品需求、零售商最优定价策略及其利润的影响。上述文献均基于消费者视角，研究了“线上购买，线下取货”O2O 渠道策略的影响。此外，还有部分学者从其他视角来研究线上到线下 O2O 相关问题，如吴晓志等

(2014) 研究了 O2O 供应链中的价格补贴以及协调问题；Zhao 等 (2016) 从库存风险视角，分别构建了集中式决策和分散式决策下的 O2O 供应链博弈模型，研究了线下到线上 O2O 渠道策略对横向库存转运的影响；Chen 等 (2016)、范丹丹等 (2017) 研究了供应链中的 O2O 服务决策问题。

如前所述，作为 O2O 的一种重要形式，“线下体验，线上购买”O2O 也受到学者们的关注。Bell 等 (2014) 针对眼镜电商 Warby Parker 和男士服装电商 Bonobos，采用案例分析方法研究了“线下体验，线上购买”O2O 渠道的影响，认为线下到线上 O2O 渠道策略能够有效增加产品需求和降低产品退货率；Chopra (2016) 同样通过对 Bonobos 进行案例剖析，从渠道运营成本视角分析了线下到线上 O2O 渠道的引入对线上、线下渠道运营成本的影响；Gao 和 Su (2017) 考察了线下体验店对消费者行为和全渠道零售商利润的影响，并与线上虚拟展厅和线下库存信息披露策略进行了比较，发现了开辟线下体验店会加剧线下渠道的库存风险；Gu 和 Tayi (2017)、Dzyabura 和 Jagabathula (2018) 均针对消费者的“线下体验，线上购买”行为，研究了企业在线下渠道的产品品类选择问题，对比分析了线下实体店作为体验渠道的价值；金亮等 (2017) 研究了线下到线上 O2O 模式下的佣金契约设计问题。上述关于线上到线下 O2O 或线下到线上 O2O 的文献均研究的是单一企业最优决策问题，且大多研究 O2O 渠道的影响而未考察企业引入 O2O 渠道的可行条件。并且，在有关“线下体验，线上购买”O2O 模式的研究中，大部分学者关注消费者“线下体验，线上购买”行为的影响，多为描述性研究或实证研究。不同的是，本书综合考虑消费者对产品是否符合其需求的不确定性以及可能发生的退货行为，通过构建制造商与线上零售商之间的博弈模型，从供应链视角研究“线下体验，线上购买”O2O 渠道策略问题，并进一步扩展至消费者剩余视角。

在已有研究基础上，针对由制造商和在线零售商构成的供应链系统，考虑消费者对产品是否符合其需求的不确定性，同时在线零售商向消费者提供退款保证服务，分别构建单渠道策略和 O2O 渠道策略下的供应链博弈模型，研究在线零售商最优产品定价与 O2O 渠道策略选择问题。通过模型求解获得两种渠道策略下供应双方的最优定价策略，进而分析在线零售商是否应该引入 O2O 渠道，以及 O2O 渠道策略对消费者剩余、制造商和在线零售商利润水平的影响。与已有研究不同的是，本书运用消费者效用理论来刻画线上渠道和线下体验渠道差异，从供应链视角来研究在线零售商定价与 O2O 渠道选择问题，并考察 O2O 渠道策略对消费者购买行为、供应链成员企业决策和利润的影响。

第一节　问题描述与符号定义

如图 4－1 所示，考虑市场上有一个制造商（M）和一个在线零售商（O）。其中，制造商生产的一种产品由在线零售商销往市场，产品批发价格和零售价格分别为 w 和 p。同时，在线零售商还开设了线下体验店来展示其线上销售的产品，供消费者体验。因此，消费者存在两种购买方式：一是不体验产品直接在线上渠道进行购买；二是先体验产品后再决策是否购买。

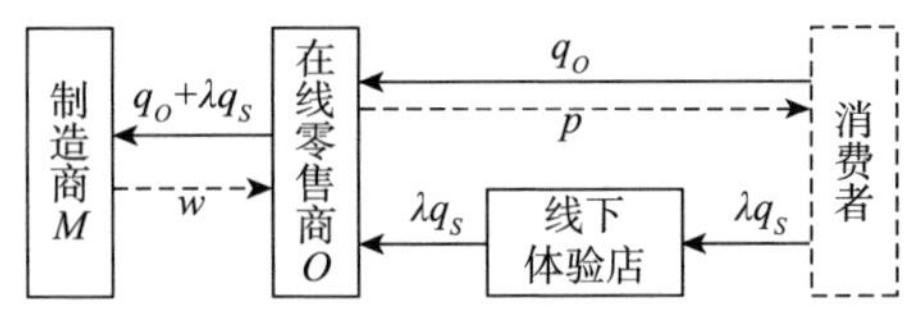

图 4－1　供应链结构

假设市场潜在需求为 1，每个消费者至多购买 1 单位的产品（Mehra et al.，2018）。消费者在收到产品或在体验店体验产品前，不确定产品是否符合其需求，类似于 Gao 和 Su（2017）的研究设定，假设产品符合消费者需求或消费者对产品满意的概率为 $\lambda(0<\lambda<1)$。消费者对符合其需求产品的支付意愿为 v，而不同消费者对同一产品往往具有不同的支付意愿（即消费者异质性），因而服从区间［0，1］上的均匀分布（$v \sim U[0,1]$）。消费者对产品不符合其需求时的支付意愿为零，$v=0$。

当消费者直接在线上渠道购买产品时，若产品符合消费者需求，则消费者能够获得效用 $v-p$（Mehra et al.，2018）；若产品不符合消费者需求，则消费者选择将产品退回在线零售商，并在退款保证下获得全额退款，但此时会给消费者带来退货成本 t。由此，可以得到消费者购买产品的预期净效用 $E(u_O)$ 为

$$E(u_O)=\lambda(v-p)+(1-\lambda)(p-p)-(1-\lambda)t=\lambda(v-p)-(1-\lambda)t \tag{4-1}$$

当消费者先体验再决策是否购买产品时，会发生麻烦成本 h（如参观体验店的时间成本、交通成本等）。但不同消费者的地理位置差异导致交通成本、时间成本也存在差异，故假设 h 服从区间［0，1］上的均匀分布。通过产品体验，若对产品不满意，则消费者会放弃购买。由此，可以得到消费者体验产品的预期净效用 $E(u_S)$ 为

$$E(u_s) = \lambda(v - p - h) - (1 - \lambda)h = \lambda(v - p) - h \qquad (4-2)$$

假设制造商的产品生产成本为零。当消费者对产品不满意时，在线零售商接收消费者退货的产品会产生退货损失为 r_O，如产品运输成本、再次库存成本；而对于制造商而言，并不是所有退货产品都需要退回制造商进行再次加工或处理，仅部分存在缺陷的产品可能需要退回制造商，因而这部分需要退回制造商的产品，会发生再次包装、再次加工等成本，故假设比例为 η（$0 < \eta < 1$）的退货产品需要退回制造商，且每单位退货产品给制造商带来的退货损失为 r_M。各项符号的定义与说明见表 4-1。

表 4-1　符号定义与说明

符号	定义与说明
λ	产品符合消费者需求的概率，$0 < \lambda < 1$
v	消费者的支付意愿或对产品的估值，$v \sim U[0, 1]$
p	在线零售商决策的产品零售价格
s	在线零售商决策的促销努力水平
t	消费者退货成本
w	制造商决策的产品批发价格
f	制造商决策的一次性转移支付，如加盟费、特许经营费等
q	产品需求或购买产品的消费者数量
k	促销努力成本系数，存在低成本类型 k_L 和高成本类型 k_H 两种情形
ρ	在线零售商为低成本类型的概率，$0 < \rho < 1$
r_O	单位退货产品给在线零售商造成的退货损失
r_M	单位退货产品给制造商造成的退货损失
$E(u)$	消费者购买产品获得的预期净效用
CS	消费者剩余
π_O	在线零售商获得的利润
π_M	制造商获得的利润

第二节　单渠道情形下的博弈模型

为建立 O2O 渠道策略下的比较基准，本节将先分析单渠道情形，即在线零售商仅通过线上渠道销售产品。此时，仅当 $E(u_O)$ 非负，即 $E(u_O) \geqslant 0$ 时，消费者才会购买产品。本章用字符“B”表示单渠道情形，由此可得单渠道情形下的产品需求 q^B 为

$$q^B = 1 - \frac{p + (1-\lambda)t}{\lambda} \tag{4-3}$$

在单渠道情形下，制造商和在线零售商的利润函数为各自产品销售收益减去各自的退货损失。供应链交易过程为：制造商预期在线零售商的定价反应 $p^{B^*}(w)$，先决策最优产品批发价格 w^{B^*}；然后，根据 w^{B^*}，在线零售商确定最优产品零售价格。得到单渠道情形下的优化问题为

$$\max_{w \geqslant 0} \pi_M^B = w\lambda q^B(p^{B^*}) - \eta r_M(1-\lambda) q^B(p^{B^*}) \tag{4-4}$$

其中

$$\begin{cases} p^{B^*}(w) = \underset{p \geqslant w}{\arg\max}\left[(p-w)\lambda q^B(p) - r_O(1-\lambda)q^B(p)\right] \\ \text{s. t. } \; q^B(p) \geqslant 0 \end{cases} \tag{4-5}$$

采用逆向归纳方法，先根据式（4-5）求解在线零售商的定价反应函数，然后根据式（4-4）求解制造商的最优定价策略，得到定理 4.1。

定理 4.1　在单渠道情形下，供应双方的最优定价策略 w^{B^*}、p^{B^*} 分别为

$$w^{B^*}=\frac{\lambda^2+(1-\lambda)(\eta r_M-r_O-\lambda t)}{2\lambda},p^{B^*}=\frac{3\lambda^2+(1-\lambda)(\eta r_M+r_O-3\lambda t)}{4\lambda}$$

证明：采用逆向归纳法，由式（4－5）求解在线零售商的最优定价反应 $p^{B^*}(w)$。容易知道，π_O^B 为关于 p 的凹函数，故依据最优性一阶条件可求得 $p^{B^*}(w)=\frac{\lambda w+(1-\lambda)r_O-(1-\lambda)\lambda t}{2\lambda}$。

将 $p^{B^*}(w)$ 代入式（4－4），易知 π_M^B 为关于 w 的凹函数，依据最优性一阶条件求得 w^{B^*}。将 w^{B^*} 代入 $p^{B^*}(w)$，得到 p^{B^*}。证毕。

定理 4.1 给出了基准模型下的制造商最优批发价格决策和在线零售商的最优零售价格决策。容易知道，在线零售商和制造商的最优决策均会受到消费者退货成本和供应双方退货损失的影响。并且，当在线零售商的退货损失较大时，在线零售商和制造商都会调整各自的定价策略，其中前者会提高价格，后者则会降低价格。该命题表明，当消费者退货对在线零售商造成的损失较大时，在线零售商将实施高价策略，以阻止部分可能退货的消费者购买产品，规避退货损失风险。与此同时，为了抑制在线零售商在线上渠道设置高价销售产品，制造商将会策略性调整批发价格，即降低批发价格来缓解高价给产品需求带来的负面影响。最后，将 p^{B^*} 代入式（4－3）即可得到单渠道情形下的产品需求为 q^{B^*}；将 p^{B^*}、w^{B^*} 代入式（4－4）、式（4－5），得到制造商、在线零售商的利润函数分别为 $\pi_M^{B^*}$、$\pi_O^{B^*}$。

消费者对产品满意或产品符合其需求可以获得 $v-p$，故消费者剩余为 $\int_{\frac{p+(1-\lambda)t}{\lambda}}^{1}(x-p)\mathrm{d}F(x)$，其中 $F(x)$ 为消费者支付意愿的累积分布函数；当产品不符合消费者需求时，由于在线零售商提供了退款保证服务，即消费者可以获得全额退款，仅损失退货成本 t，故消费者剩余为 $\int_{\frac{p+(1-\lambda)t}{\lambda}}^{1}(-t)\,\mathrm{d}F(x)$。并且，产品符合（不符合）消费者需求的概率为 $\lambda(1-\lambda)$，由此易知单渠道情形下的消费者剩余 CS^{B} 为

$$CS^{B}=\lambda\int_{\frac{p+(1-\lambda)t}{\lambda}}^{1}(x-p)\,\mathrm{d}F(x)+(1-\lambda)\int_{\frac{p+(1-\lambda)t}{\lambda}}^{1}(-t)\,\mathrm{d}F(x)$$
$$=\frac{[2\lambda p-p-\lambda+(1-\lambda)t][p-\lambda+(1-\lambda)t]}{2\lambda} \tag{4-6}$$

根据式（4-6），消费者剩余会受到产品零售价格的影响，此外还会受到产品退货的影响，即会受到消费者退货的概率以及退货成本等因素的影响。根据定理 4.1，将 p^{B^*} 代入式（4-6），即可得到单渠道情形下的消费者剩余 CS^{B^*}。此外，还可以知道，在单渠道情形下，供应链成员企业的最优定价决策和利润以及消费者剩余均会受到消费者退货行为的影响，因而本书将进一步分析退款保证策略的影响。

在单渠道情形下，若在线零售商不向消费者提供退款保证服务，则产品不符合消费者需求时不能选择退货，消费者预期净效用为 $E(\bar{u}_O)=\lambda v-p$。根据 $E(\bar{u}_O)\geqslant 0$，可以求得产品需求函数为 $\bar{q}=1-\frac{p}{\lambda}$；制造商的利润函数为 $\bar{\pi}_M=\overline{wq}$；在线零售商的利润函数为 $\bar{\pi}_O=(p-w)\ \bar{q}$。由此，可以得到在线零售商未实施退款保证情形下的供应链最优定价决策为 $\bar{p}^*=\frac{3\lambda}{4}$，$\bar{w}^*=\frac{\lambda}{2}$；制造商和在线零售商获得的利润分别为 $\bar{\pi}_M^*=\frac{\lambda}{8}$，$\bar{\pi}_O^*=\frac{\lambda}{16}$；消费者剩余为 $\overline{CS}^*=\lambda\int_{\frac{\bar{p}^*}{\lambda}}^{1}(x-\bar{p}^*)\,\mathrm{d}F(x)+(1-\lambda)\int_{\frac{\bar{p}^*}{\lambda}}^{1}(-\bar{p}^*)\ \mathrm{d}F(x)=\frac{\lambda}{32}$。进

而与基准模型下的值进行比较，有下列结论。

命题 4.1　退款保证策略对制造商和在线零售商的最优定价策略存在如下影响：

（1）当 $t < \lambda - r_O + \eta r_M$ 时，$w^{B^*} > \overline{w}^*$；

（2）当 $t < \lambda + \frac{1}{3}(r_O + \eta r_M)$ 时，$p^{B^*} > \overline{p}^*$。

证明：比较不同退款保证情形下的供应链最优定价决策，可以得到：

$$w^{G^*} - w^{N^*} = \frac{(1-\lambda)(\lambda - t + \eta r_M - r_O)}{2\lambda}, p^{G^*} - p^{N^*} = \frac{(1-\lambda)(3\lambda - 3t + \eta r_M + r_O)}{4\lambda}$$

易得，当 $t < \lambda + \frac{1}{3}(r_O + \eta r_M)$ 时，$p^{G^*} - p^{N^*} > 0$；当 $t < \lambda - r_O + \eta r_M$ 时，$w^{G^*} - w^{N^*} > 0$。

命题 4.1 表明，制造商提高其批发价格并不一定会导致产品零售价格的上升，仅当在线零售商退货损失较大时，产品零售价格才会上升。此时，对于购买产品前不到体验店进行实物体验的消费者，退款保证为其提供退货机会并获得全额退款，但消费者需要支付更高的价格。此外，还容易发现，距离市场更近的在线零售商总是能够比制造商更加迅速地调整其定价策略。从供应链退货损失角度来看，当发生产品退货时，退货的产品会给供应双方均带来损失，因此当退货产品给在线零售商造成的损失较大［$r_O > 3(t-\lambda) - \eta r_M$］时，在线零售商为阻止部分支付意愿较低的消费者购买产品，会实施高价策略；而当退货产品给制造商造成的损失较大［$r_M > (t - \lambda + r_O)/\eta$］时，与在线零售商类似，制造商也会实施高价策略。并且，尽管提供退款保证有利于降低消费者线上渠道产品购买风险，但由于将产品退回在线零售商也会给消费者带来退货成本，因而退款保证会对产品需求不利，容易验证：$q^{B^*} < \overline{q}^*$。

命题 4.2 在线零售商向消费者提供退款保证服务并不能为其带来更多利润，并会导致制造商利润水平的降低，表现为 $\pi_O^{B^*} < \overline{\pi}_O^*$，$\pi_M^{B^*} < \overline{\pi}_M^*$。

证明：根据定理 4.1，比较两种情形下的在线零售商和制造商的利润函数，可以得到：

$$\pi_O^{B^*} - \overline{\pi}_O^* = \frac{[\lambda^2 - (1-\lambda)(\eta r_M + r_O + \lambda t)]^2}{8\lambda^2} - \frac{\lambda}{8},$$

$$\pi_M^{B^*} - \overline{\pi}_M^* = \frac{[\lambda^2 - (1-\lambda)(\eta r_M + r_O + \lambda t)]^2}{16\lambda^2} - \frac{\lambda}{16}$$

根据 $q^{B^*} > 0$ 可以得到 λ 的取值区间为 $(\overline{\lambda}, 1)$，此时 $\pi_O^{B^*} - \overline{\pi}_O^* < 0$ 和 $\pi_M^{B^*} - \overline{\pi}_M^* < 0$ 恒成立。

命题 4.2 表明，退款保证策略对供应链成员企业并没有好处，会导致在线零售商和制造商的利润损失。这是因为退款保证会造成两方面的影响：其一，退款保证会影响在线零售商和制造商的定价策略，而消费者能够在产品不符合其需求的情况下，通过退货来降低损失；其二，退款保证会使产品需求降低，并影响产品的退货数量。综合上述两方面的影响，在线零售商实施退款保证策略总是会导致供应双方的损失。因此，部分电商企业对消费者退货设置较为严苛的要件或障碍，以阻止消费者退货。为直观考察退款保证策略对供应链成员利润和消费者剩余的影响，设置参数 $t = 0.1$、$r_O = 0.2$、$r_M = 0.4$，并考虑到电商企业退货率在 11% ~ 27% 范围内，而平均退货率则为 22%（Rao et al.，2014），设置退货率为 30%，即产品符合消费者需求的概率为 $\lambda = 0.7$，绘制供应链成员利润之差和消费者剩余之

差随 η 的变化曲线，如图 4-2 所示。

观察图 4-2 可以发现：（1）退款保证策略总是会导致在线零售商和制造商的利润损失，且 $\pi_O^{B^*}-\overline{\pi}_O^*$ 和 $\pi_M^{B^*}-\overline{\pi}_M^*$ 均会随 η 的增大而减小，表明退货产品需退回制造商的比例会加剧退款保证策略对供应双方的不利影响；（2）在满足条件 $\overline{\lambda}<\lambda<1$ 情况下，在线零售商向消费者提供退款保证策略并不总是能够提升消费者剩余，根据命题 4.1，由于 η 会加剧退款保证策略对供应双方最优定价决策的影响，仅当 η 较小时，退款保证策略才对消费者有利（$CS^{B^*}-\overline{CS}^*>0$）；（3）曲线 $\pi_O^{B^*}-\overline{\pi}_O^*$ 总是位于曲线 $\pi_M^{B^*}-\overline{\pi}_M^*$ 上方，表明退款保证策略对制造商的不利影响更明显。

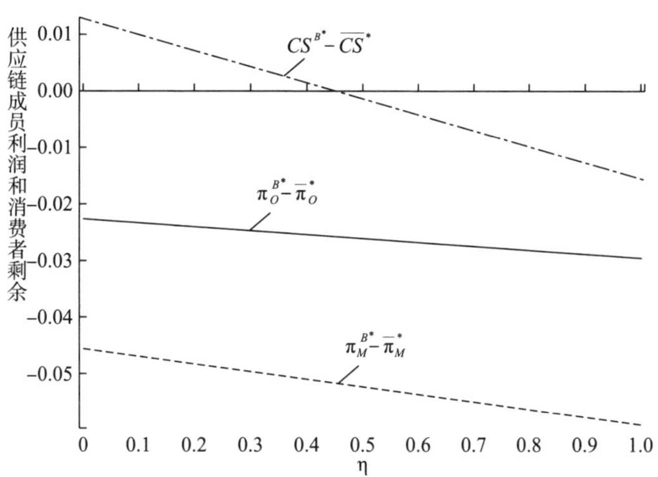

图 4-2　供应链成员利润和消费者剩余

第三节　O2O 渠道策略分析

当在线零售商引入 O2O 渠道，为消费者提供购买前的产品体验服务时，消费者通过比较不同购买方式下的预期净效用，即 $\max\{E(u_O), E(u_S), 0\}$，选择是否购买前体验产品。本节将先分析消费者购买方式的选择，得到引理 4.1。

引理 4.1 在 O2O 渠道策略下，两种购买方式下的消费者需求 q_O 与 q_S 为

$$q_i = \iint_{A_i} \mathrm{d}F(x)\mathrm{d}G(y), i \in \{O,S\} \tag{4-7}$$

在式（4－7）中，$A_O = \{(v,h) \mid E(u_O) \geqslant \max[E(u_S), 0]\}$ 表示支付意愿和麻烦成本满足该区域的消费者会选择直接到线上渠道购买产品，$A_S = \{(v,h) \mid E(u_S) \geqslant \max[E(u_O),0]\}$ 表示支付意愿和麻烦成本满足该区域的消费者会选择到体验店体验产品；$G(y)$ 为消费者麻烦成本 h 的累积分布函数。

证明：依据式（4－1）和式（4－2），当 $E(u_O) \geqslant \max[E(u_S),0]$ 时，消费者会选择直接在线上渠道购买产品，如图 4－3 中的 A_O 区域；当 $E(u_S) \geqslant \max\{E(u_O),0\}$ 时，消费者会选择参观体验店，如图 4－3 中的 A_S 区域；当 $0 > \max[E(u_O), E(u_S)]$ 时，消费者放弃购买。由此，可得 $A_O = [1-(1-\lambda)t]\left[1-p-\frac{(1-\lambda)t}{\lambda}\right]$，$A_S = (1-\lambda)t\left[1-p-\frac{(1-\lambda)t}{2\lambda}\right]$，进而得到 q_i。

引理 4.1 表明，仅当消费者的支付意愿较大$\left[v \geqslant p+\frac{(1-\lambda)t}{\lambda}\right]$时，消费者才愿意承担退货风险而选择直接在线上渠道购买产品。而体验渠道的引入能够吸引更多潜在消费者参观体验店，即当 v 较小时，消费者可能会在购买前去体验产品或者放弃购买。最后，随着 v 的进一步减小（$v < p$），消费者将不会考虑参观体验店。

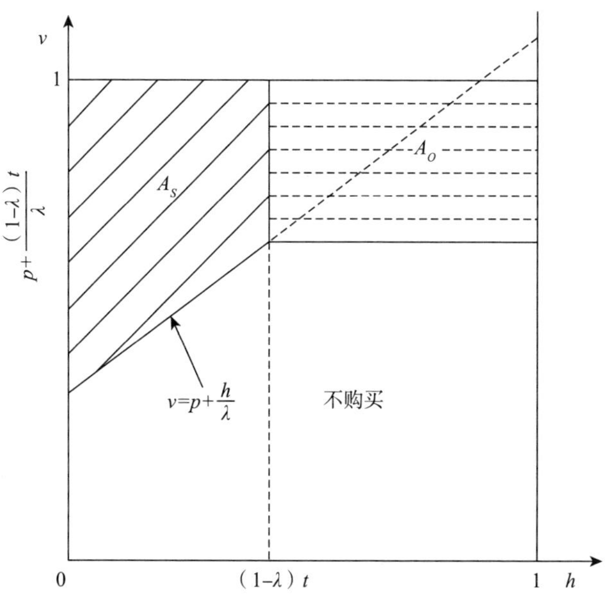

图 4-3 消费者购买行为示意

当消费者选择直接在线上渠道购买产品时，若产品不符合其需求，则会发生退货；当消费者选择参观体验店时，若产品不符合其需求，则会放弃购买。因此，仅有比例为 λ 的消费者才会购买产品且不会退货。特别地，直接在线上渠道购买产品的需求 q_O 中，比例为 $1-\lambda$ 的消费者还会因产品不符合其需求而选择退货，给在线零售商和制造商带来退货损失。依据上述分析，可以得到 O2O 渠道策略下的优化问题为

$$\max_{w>0}\pi_M = w[\lambda q_O(p^*) + \lambda q_S(p^*)] - \eta r_M(1-\lambda)q_O(p^*) \quad (4-8)$$

其中

$$\begin{cases} p^* = \underset{p \geqslant w}{\operatorname{argmax}}\{(p-w)[\lambda q_O(p) + \lambda q_S(p)] - r_O(1-\lambda)q_O(p)\} \\ \text{s. t.} \quad q_i(p) \geqslant 0, i \in \{O, S\} \end{cases} \quad (4-9)$$

在式（4-8）中，制造商和在线零售商的利润函数分别为各自的产品销售收益减去各自的退货损失。采用逆向归纳法求解，有下列结论。

定理 4.2 在 O2O 渠道策略下，在线零售商和制造商的最优定价策略 w^*、p^* 分别为

$$w^*=\frac{(1-\lambda)^2t^2}{4\lambda}+\frac{[1-(1-\lambda)t][(1-\lambda)(r_O-\eta r_M)+1]t}{2\lambda},$$

$$p^*=\frac{3(1-\lambda)^2t^2}{8\lambda}+\frac{[1-(1-\lambda)t][(1-\lambda)(r_O+\eta r_M)+3]}{4\lambda}$$

证明：采用逆向归纳法，由式（4-9）易知 π_O 为关于 p 的凹函数$\left(\frac{\partial^2\pi_O}{\partial p^2}=-2\lambda<0\right)$，故依据最优性一阶条件可求得在线零售商的反应函数为 $p^*(w)=\frac{1+w}{2}+\frac{(1-\lambda)^2t^2}{4\lambda}+\frac{(1-\lambda)\{[1-(1-\lambda)t]r_O\}}{2\lambda}$。

将 $p^*(w)$ 代入式（4-8），易得$\frac{\partial^2\pi_M}{\partial w^2}=-\lambda<0$，即 π_M 为关于 w 的凹函数，故依据最优性一阶条件可得 w^*。进而将 w^* 代入 $p^*(w)$，即可得 p^*。

由定理 4.2 可知，O2O 渠道策略下的供应链均衡与单渠道策略情形类似，当在线零售商退货损失较大时，制造商和在线零售商均会调整各自的定价策略，即制造商通过低价策略降低价格，在线零售商通过高价策略提高价格。但随着制造商退货损失的增大，制造商会提高其批发价格，以弥补因消费者退货造成的退货损失，这也导致最优产品零售价格的升高。最后，将 p^* 代入式（4-7），可以得到 O2O 渠道策略下的需求为 q_O^*、

q_S^*；依据式（4 - 8）和式（4 - 9），容易得到制造商和在线零售商的利润函数分别为 π_M^*、π_O^*。分析消费者剩余，可得

$$CS = \lambda \int_{p+\frac{(1-\lambda)t}{\lambda}}^{1} (x - p) \mathrm{d}F(x) + (1 - \lambda) \int_{p+\frac{(1-\lambda)t}{\lambda}}^{1} (-t) \mathrm{d}F(x) + \lambda \int_{0}^{(1-\lambda)t} \int_{p+\frac{h}{\lambda}}^{1} (x - p - y) \mathrm{d}F(x) \mathrm{d}G(y) + (1 - \lambda) \int_{0}^{(1-\lambda)t} \int_{p+\frac{h}{\lambda}}^{1} (-y) \mathrm{d}F(x) \mathrm{d}G(y) = \frac{(t+3)(1-\lambda)^3 t^2}{6\lambda} + \frac{1}{2} \{ \lambda (1-p)^2 + (1-\lambda)[\lambda t p^2 - (2-\lambda)t] + (1-\lambda)^2 (t+2) t p \} \quad (4-10)$$

在式（4 - 10）中，当消费者不体验而直接购买产品时的消费者剩余与单渠道情形相同。当消费者选择参观体验店时，消费者对产品满意或产品符合其需求时的消费者剩余为 $\int_{0}^{(1-\lambda)t} \int_{p+\frac{h}{\lambda}}^{1} (x - p - y) \mathrm{d}F(x) \mathrm{d}G(y)$；当消费者对产品不满意或产品不符合其需求时，消费者不购买产品，但仍产生了沉没成本 h，消费者剩余为 $\int_{0}^{(1-\lambda)t} \int_{p+\frac{h}{\lambda}}^{1} (-y) \mathrm{d}F(x) \mathrm{d}G(y)$。最后，将 p^* 代入式（4 - 10），即可得 CS^*。

一　O2O 渠道策略对最优定价的影响

本部分将分析 O2O 渠道策略对在线零售商和制造商最优定价策略的影响，进而考察体验渠道的引入对消费者购买行为和产品需求的影响。

命题 4.3　在线零售商 O2O 渠道策略会影响供应双方的最优定价策略，且二者定价策略的变化取决于产品退货给供应链成员和消费者造成的损失大小，表现为

（1）当 $t > \frac{2(r_O + \eta r_M)}{3}$ 时，$p^* > p^{B^*}$；

（2）当 $r_M < \frac{r_O}{\eta}$，或者 $r_M > \frac{r_O}{\eta}$ 且 $t > 2(\eta r_M - r_O)$ 时，$w^* > w^{B^*}$。

证明：根据定理 4.1 和定理 4.2，直接比较不同渠道策略下的最优定价决策，可以得到：

$$p^* - p^{B^*} = \frac{(1-\lambda)^2[3t - 2(r_O + \eta r_M)]t}{8\lambda}, w^* - w^{B^*} = \frac{(1-\lambda)^2[t + 2(r_O - \eta r_M)]t}{4\lambda}$$

判断 $p^* - p^{B^*}$ 与 0 的大小，易得：当 $t > \frac{2(r_O + \eta r_M)}{3}$ 时，$p^* - p^{B^*} > 0$。判断 $w^* - w^{B^*}$ 与零的大小，若 $r_M < r_O$，则 $w^* - w^{B^*} > 0$ 显然成立；若 $r_M > \frac{r_O}{\eta}$，则还需满足 $t > 2(\eta r_M - r_O)$，才有 $w^* - w^{B^*} > 0$。

命题 4.3 表明，在线零售商引入 O2O 渠道会影响供应双方的最优定价决策，且存在一定的不确定性。具体分析，当消费者退货成本较高时，O2O 渠道策略下最优产品零售价格要高于单渠道策略下的值；而对于制造商而言，仅当制造商退货损失小于在线零售商退货损失时，制造商会提高其批发价格，以获取更多的供应链利润份额；而当制造商退货损失大于在线零售商退货损失时，若消费者退货成本较小 [$t < 2(\eta r_M - r_O)$]，则制造商会降低产品批发价格，原因在于避免在线零售商在销售产品时的价格过高而抑制需求。也就是说，在 O2O 渠道策略下，在线零售商和制造商的定价策略应考虑产品退货的影响，即需要权衡产品退货对自身造成的退货损失与高价对消费者需求的抑制效应。

命题 4.4 O2O 渠道策略能够吸引部分支付意愿较小的消费

者到体验店体验产品，而这部分消费者在单渠道策略下总是不会购买产品，从而使得产品需求增加，表现为 $q_O^* + q_S^* > q^{B^*}$。

证明：根据定理 4.1 和定理 4.2，易得 $q_O^* + q_S^* - q^{B^*} = \frac{(1-\lambda)^2[t+2(r_O+\eta r_M)]t}{8\lambda} > 0$。

命题 4.4 表明，在线零售商 O2O 渠道策略能够有效提升产品需求，吸引更多潜在消费者购买产品。具体分析，在单渠道策略下，消费者的支付意愿较大，即满足 $v \geqslant p + \frac{(1-\lambda)t}{\lambda}$ 时，消费者购买产品才能获得正效用，如图 4-4（a）所示；在 O2O 渠道策略下，当消费者的支付意愿较高$\left[v \geqslant p + \frac{(1-\lambda)t}{\lambda}\right]$时，消费者购买产品能够获得正效用，但不同的是，即使当支付意愿较低，即 $p \leqslant v \leqslant p + \frac{(1-\lambda)t}{\lambda}$ 时，也有部分消费者会到体验店体验产品，如图 4-4（b）所示。比较两种渠道策略情形，O2O 渠道策略下增加的产品需求可以表示为 $\bar{A}_S$ 区域。因此，在 O2O 渠道策略下，有助于吸引部分对产品支付意愿较低的消费者到体验店体验产品，产品需求增加，且为 $\iint_{\bar{A}_S} \mathrm{d}F(x)\mathrm{d}G(y)$。此外，由命题 4.3 可知，O2O 渠道策略会对在线零售商最优定价策略造成影响，因而在 O2O 渠道策略下，每销售一单位的产品，供应链系统利润的增加量并不一定高于单渠道策略下值，这取决于消费者退货成本、在线零售商退货损失和制造商退货损失。

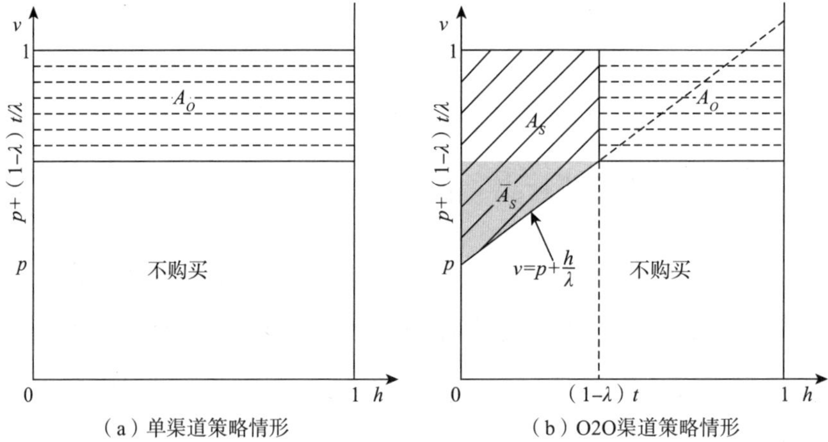

图 4－4　消费者购买行为

二　O2O 渠道策略对系统利润的影响

本部分将考察 O2O 渠道策略对供应链系统利润的影响。先定义 $\pi_{SC}^{B^*}=\pi_O^{B^*}+\pi_M^{B^*}$、$\pi_{SC}^*=\pi_O^*+\pi_M^*$ 分别表示单渠道策略与 O2O 渠道策略下的供应链系统利润；$R=r_O+\eta r_M$ 表示供应链退货损失，即单位退货产品给在线零售商和制造商造成退货损失之和。为简化表达，先定义如下两个阈值：

$$\bar{\lambda}=1-\frac{2t^2+2t+4-2\sqrt{5t^2+4t+4}}{t^3},$$

$$\bar{R}=\frac{5(1-\lambda)t^2+t+6}{6t(1-\lambda)}+\sqrt{\frac{[46+16(1-\lambda)t]t^2}{6}+\frac{36+(61-96\lambda)t^2+12t(1-6\lambda)}{6t(1-\lambda)}}$$

命题 4.5　O2O 渠道策略不一定对供应链系统有利，即若 $\bar{\lambda}\leqslant\lambda<1$，则 $\pi_{SC}^*\geqslant\pi_{SC}^{B^*}$；若 $\lambda<\bar{\lambda}$ 且 $R<\min(\bar{R},1)$，则 $\pi_{SC}^*<\pi_{SC}^{B^*}$。

证明：根据定理 4.1 和定理 4.2，求得 $\pi_{SC}^*-\pi_{SC}^{B^*}=f(R)$，其中 $f(R)=AR^2+BR+C$，$A=4t(1-\lambda)^2>0$，$B=-\frac{4}{3}(1-\lambda)$ [5

$(1-\lambda)t^2+t+6]<0$，$C(\lambda)=(1-\lambda)^2t^3-4(1-\lambda)t^2+4t\lambda+8\lambda$。可知，$f(R)$ 为 R 的二次凸函数。分析 C 与 0 的大小，将 C 看作 λ 的二次函数，容易验证，$\frac{\mathrm{d}C}{\mathrm{d}\lambda}>0$，当 $\lambda=1$ 时，$C>0$；当 $\lambda=0$ 时，$C<0$，且中轴线 $l(\lambda)<0$，故当 $\bar{\lambda}\leqslant\lambda<1$ 时，$C\geqslant0$；当 $0<\lambda<\bar{\lambda}$ 时，$C<0$。

又由 $\frac{\mathrm{d}f(R)}{\mathrm{d}R}=2AR+B=-\frac{4}{3}(1-\lambda)\ [6(1-\lambda)Rt+5(1-\lambda)t^2+t+6]<0$，中轴线 $l(R)=-\frac{B}{2A}<0$ 可知，$f(R)$ 存在两个负根或一正一负两根。因此，当 $C\geqslant0$ 时，$f(R)\geqslant0$；当 $C<0$ 且 $R<\min(\bar{R},\ 1)$ 时，$f(R)<0$。

命题 4.5 表明，在 O2O 渠道策略下，供应链系统利润并不总是高于单渠道策略下的值。具体分析，由于 O2O 渠道策略对在线零售商最优定价决策的影响存在一定的不确定性，在满足一定条件时在线零售商才会实施高价策略，提高产品销售价格；另外，O2O 渠道策略总是会使产品需求增加，并降低在线零售商的产品退货率，但产品的绝对退货数量则不一定减少。综合上述两方面的影响，当产品符合消费者需求的概率较大（$\bar{\lambda}\leqslant\lambda<1$）时，O2O 渠道策略对供应链系统利润的正效应占优，供应链系统利润增加。当产品符合消费者需求的概率较小（$\lambda<\bar{\lambda}$）时，O2O 渠道策略对供应链系统的影响取决于供应链退货损失 R。具体分析，当 $\bar{R}<1$ 时，若供应链退货损失满足 $R>\bar{R}$，则 O2O 渠道策略对供应链收益的正效应仍占优；若供应链退货损失满足 $R<\min(\bar{R},\ 1)$，则供应链退货损失对利润的负效应占优，供应链系统利润降低。该命题表明，从供应链系统视角，在线零售商 O2O 渠道策略存在可行条件。

命题4.5还揭示了，当O2O渠道策略能够有效提升供应链系统利润（$\pi_{SC}^{*} \geq \pi_{SC}^{B^*}$）时，供应链退货损失会抑制O2O渠道策略给供应链系统带来的有利影响。而当O2O渠道策略会导致供应链系统利润损失（$\pi_{SC}^{*} < \pi_{SC}^{B^*}$）时，供应链退货损失则可以缓解O2O渠道策略给供应链系统带来的不利影响。

三　供应链成员利润与消费者剩余分析

本部分将考察O2O渠道策略对供应链成员利润和消费者剩余的影响。为简化表达，定义$\Delta\pi_O = \pi_O^{*} - \pi_O^{B^*}$、$\Delta\pi_M = \pi_M^{*} - \pi_M^{B^*}$分别表示O2O渠道策略对在线零售商利润和制造商利润的影响；$\Delta CS = CS^{*} - CS^{B^*}$表示O2O渠道策略对消费者剩余的影响。由于在线零售商利润函数、制造商利润函数以及消费者剩余函数较为复杂，因此借助数值模拟方法来进行分析。设置参数$t=0.1$、$r_O=0.2$、$r_M=0.4$，取$\lambda=(0.6, 0.75, 0.9)$分别刻画产品符合消费者需求的概率较低、一般和较高等三种情形。仿真结果见图4-5、图4-6、图4-7。

观察图4-5、图4-6可以发现：(1) 在满足$\overline{\lambda} < \lambda < 1$（即满足$q^{B^*} > 0$）下，O2O渠道策略总是能有效提升在线零售商和制造商的利润水平；(2) 随着η的增大，曲线$\Delta\pi_O$和曲线$\Delta\pi_M$呈现下降趋势，表明当退货产品需要退回制造商的比例较高时，O2O渠道策略对在线零售商和制造商的影响会有所缓解；(3) 当λ较大时，O2O渠道策略对在线零售商和制造商利润水平的影响较小，表明当产品符合消费者需求概率较低或产品退货率较高时，O2O渠道策略的价值更高；(4) 比较图4-5和图4-6，可以知道，O2O渠道策略对制造商利润水平的影响更显著，这意味着尽管O2O渠道策略是由在线零售商实施，但制造商获益更多。

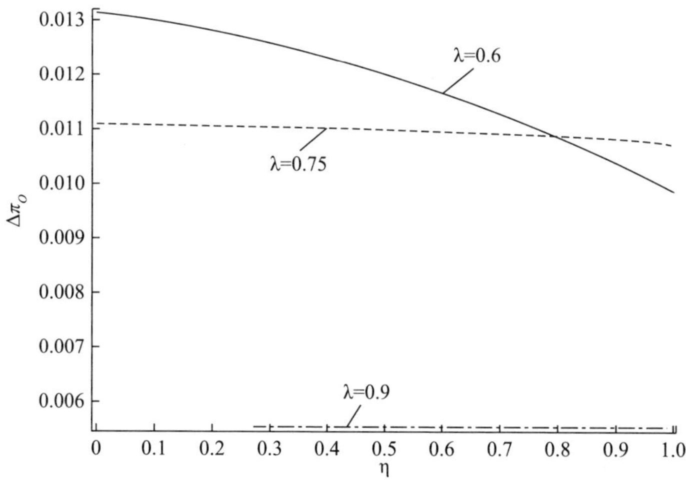

图 4-5　在线零售商利润变化曲线

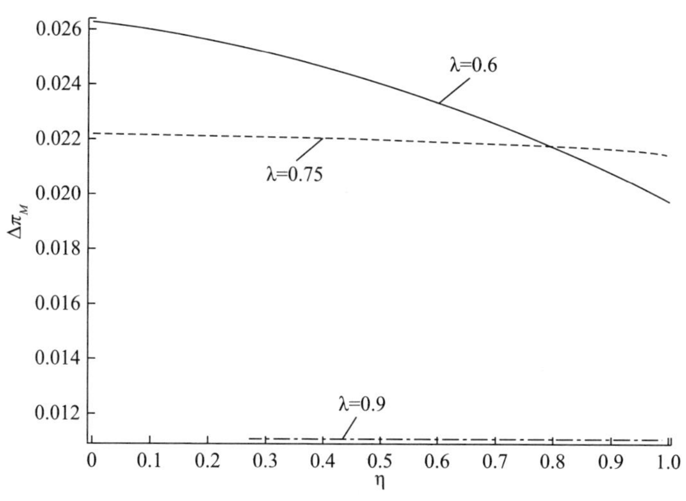

图 4-6　制造商利润变化曲线

观察图 4-7 可以发现：（1）在线零售商实施 O2O 渠道策略并不总是对消费者有利，仅当产品符合消费者需求的概率和退货产品需要退回制造商的比例满足一定条件时，O2O 渠道策略才能提升消费者剩余；（2）随着 η 的增大，曲线 ΔCS 呈现上升趋势，表明当退货产品需要退回制造商的比例较高时，O2O 渠道策略通过影响供应链成员企业的定价决策，使得消费者剩余提升；（3）随着 λ 的增大，曲线 ΔCS 的变化趋势越平缓，表明当产品符合消费者需求的概率较低时，在线零售商实施 O2O 渠道策略越对消费者有利。

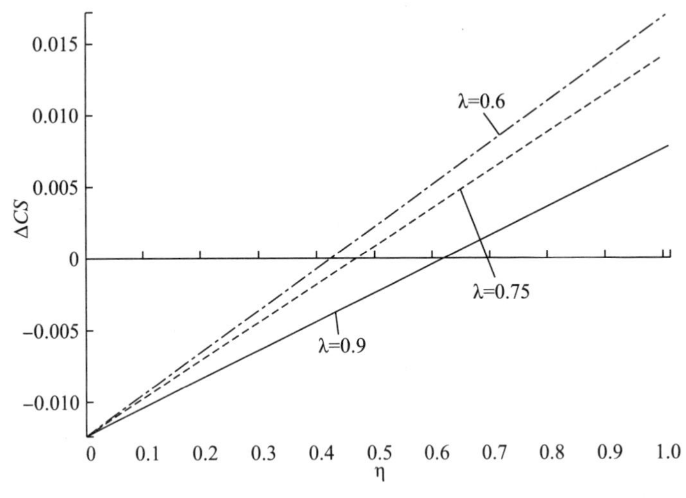

图 4－7　消费者剩余变化曲线

第四节　本章小结

本书针对由一个制造商和一个在线零售商组成的供应链，考虑了消费者可能发生的退货行为以及在线零售商向消费者提供退款保证服务，研究了在线零售商引入线下体验渠道（即 O2O 渠道策略）对供应链均衡、消费者剩余以及供应链成员利润的影响。所得结论可总结为以下三个方面。

（1）在单渠道策略下，在线零售商向消费者提供退款保证服务会影响供应链成员的最优定价决策，且这种影响取决于产品符合消费者需求概率、消费者退货成本以及供应链成员的退货损失。当在线零售商退货损失较大时，在线零售商会实施高价策略，制造商则会实施低价策略；此时，提供退款保证在一定程度上能够减少消费者对产品是否符合其需求的不确定性，但消费者也有可能需要为此支付一定的溢价，不一定对消费者剩余有利。

（2）O2O 渠道策略会对供应链均衡造成影响，这取决于消费者退货成本、在线零售商和制造商的退货损失。相比于单渠道策略，O2O 渠道策略总是能够增加产品需求，降低产品退货率；O2O 渠道策略并不一定对供应链系统有利，仅当产品符合消费者需求概率和供应链系统退货损失满足一定条件时，O2O 渠道策略才能够有效提升供应链系统利润。

（3）在线零售商实施 O2O 渠道策略总是对供应链成员企业有利，能有效提升在线零售商和制造商的利润，却不一定总能提升消费者剩余。当产品符合消费者需求概率较低或产品退货率较高时，开辟 O2O 渠道的价值越大；尽管是由在线零售商实施 O2O 渠道策略，但由于退货产品并不一定需要退回给制造商，因而 O2O 渠道策略对制造商利润水平的影响更显著。

越来越多的电商企业开辟线下体验店，通过购买前的产品体验来提高消费者购物体验，降低产品退货率。本书研究得到的结论为电商企业的 O2O 实践提供了决策参考，并通过对 O2O 环境下的上游制造企业决策和消费者购买行为分析给出了管理启示。但是，本书在对研究问题的探索上存在一定局限性。首先，本书考虑线下体验店仅与一个制造商进行合作，未来可进一步研究多个制造商竞争情形，这将有助于解决更多现实问题。其次，本书在考察消费者购买行为时仅考虑了退货因素，而影响消费者购买行为的因素还有产品配送时间、产品线上评论等，因而综合考虑更多消费者购买行为的影响因素将有助于得到新的启示。基于此，未来可进一步考虑更多现实因素来研究在线零售商 O2O 模式实施问题，得到更具有实践指导意义的结论。

第五章　不同主导权对在线零售商 O2O 渠道策略的影响

互联网、移动互联网的快速普及带来了电商的高速增长，方便、快捷的线上购物已成为消费者的主要购物方式之一。但消费者在线上购物时缺少产品体验，使消费者收到的产品有可能与其预期不匹配，从而导致较高的退货率，制约电商的发展。因而，越来越多的在线零售商开始开辟线下体验店，通过“线下体验，线上购买”O2O 模式来为消费者提供产品体验，以改善消费者购物体验、降低产品退货率，如京东体验馆“JD SPACE”、亚马逊的 Amazon Books、阿里巴巴的“天猫小店”等。然而，O2O 渠道的引入也改变了消费者的消费需求和习惯、供应链的渠道结构和运作流程，由此可能导致供应链的决策激励失调。并且，也容易发现，供应链成员企业往往会因拥有不同资源而存在不同的供应链主导权结构（Luo et al.，2017），可能会加剧供应链决策激励失调的可能性，并导致供应链系统绩效损失。因此，本章将研究在线零售商引入 O2O 渠道会对供应链最优定价决策产生什么影响，O2O 渠道的引入如何影响供应双方和供应链系统的利润以及消费者剩余，以及不同的供应链主导权结构又会对供应链均衡和消费者剩余造成何种影响等问题。

在有关供应链主导权结构的研究中，大多聚焦于不同主导权结构对供应链成员最优决策和利润的影响。例如，Xue 等（2014）比较分析了制造商主导、零售商主导以及双方均势等三种主导权结构对消费者剩余和供应双方利润的影响；王玉燕等（2014）研究了不同主导权结构对闭环供应链均衡的影响；Luo 等（2018）考虑单个制造商同时销售新、旧两种产品，研究了不同主导权结构对供应链成员最优定价决策和利润的影响；周茂森等（2017）针对由一个集团采购组织和两个制造商组成集团采购供应链，构建了由集团采购组织主导、各个制造商主导等两种主导权结构模型，研究了主导权结构、产品差异化等因素对供应链均衡的影响；Bian 等（2017）针对供应链中的服务外包问题，研究了不同主导权结构对产品定价与服务水平决策的影响；Dennis 等（2017）针对由一个制造商、一个传统零售商和一个在线零售商组成的双渠道供应链，结合代发货模式研究了不同供应链主导权结构对制造商渠道选择的影响。上述有关供应链主导权结构或主导权结构的文献研究的均为供应链上游完全垄断情形，并未考虑品牌差异化竞争、市场入侵等影响因素。此外，尽管有部分文献考虑了不同产品间的差异化竞争问题，如 Choi（1991）、Chen 等（2014）研究了不同主导权结构对两个差异化竞争制造商或供应商最优定价决策和利润的影响；Luo 等（2017）、Fang 等（2018）均以由两个竞争性制造商和一个零售商组成的供应链为研究对象，研究了不同主导权结构对供应链均衡的影响；金亮等（2018）研究了不同主导权结构对品牌差异化竞争制造商入侵市场的影响。然而，上述有关供应链主导权结构的文献均以传统零售商与其上游制造商或供应商造成的供应链为研究对象，且也未涉及与 O2O 模式有关的问题。

在已有研究基础上，本书以制造商和在线零售商组成的供应链为研究对象，考虑可能存在的消费者退货行为，以及在线零售商引入 O2O 渠道为消费者提供产品体验，基于不同供应链主导权，分别构建单渠道策略和 O2O 渠道策略下的供应链博弈模型，研究在线零售商和制造商的最优定价决策。通过模型求解，分析单渠道策略下退款保证对供应链均衡的影响，考察 O2O 渠道的引入和不同主导权对供应链均衡和消费者剩余的影响。与已有研究不同的是，本书从供应链视角考察了不同主导权结构下的 O2O 渠道策略，并由一般的利润视角扩展至消费者剩余视角。

第一节　问题描述与模型假设

考虑由制造商（M）和在线零售商（O）组成的供应链系统，制造商以批发价格 w 将其生产的一种产品批发给在线零售商，然后在线零售商以零售价格 p 将产品销往市场，如图 5－1 所示。同时，在线零售商还开辟了线下体验店（如京东的“JD SPACE”）来展示其线上渠道销售的产品，供消费者体验。在此情形下，消费者既可以选择不体验直接在线上渠道购买产品，也可以选择先到体验店体验产品再决策是否购买。

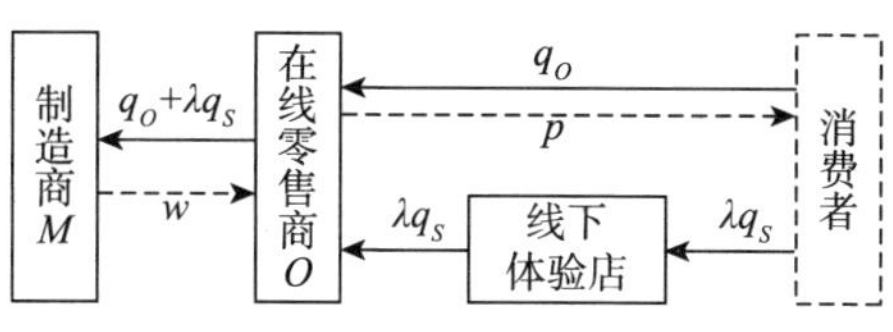

图 5－1　供应链结构

消费者在收到在线零售商配送的产品或在体验店体验产品

前，对产品是否符合其需求不确定，故假设概率 $\lambda(0<\lambda<1)$ 来表示产品符合消费者需求的概率。若产品符合消费者需求，则消费者获得效用 $v-p$，其中 v 为消费者对产品的估值，且 $v\sim U[0,\ 1]$；若产品不符合消费者需求，如服装、鞋子等品类产品尺寸不符合，消费者不能穿戴，往往获得的效用为零，故参考 Cao 等（2016）的研究设定，假设此时产品对消费者不产生效用，即 $v=0$。当消费者选择直接在线上渠道购买产品时，若产品不符合其需求，消费者将选择退货并获得全额退款，但消费者会发生退货成本 t（如退货的物流费用等），其中$0<t\leqslant\lambda(1-p)/(1-\lambda)$，否则没有消费者选择直接在线上渠道购买产品。同时，还考虑到电子商务领域完善且高效的物流体系，在线零售商往往能够按照消费者的时间、地点等要求送货上门，故假设消费者直接在线上渠道购买产品不会产生额外成本。由此，可得消费者直接在线上渠道购买产品的预期净效用 $E(u_O)$ 为

$$\begin{aligned}E(u_O)&=\lambda(v-p)+(1-\lambda)(p-p)-(1-\lambda)t\\&=\lambda(v-p)-(1-\lambda)t\end{aligned}\tag{5-1}$$

当消费者选择到体验店体验产品时，若产品不符合其需求，则消费者会放弃购买。但无论是否购买产品均会发生额外的参观体验店麻烦成本 h（如参观体验店的时间成本、交通成本等），考虑不同消费者到体验店体验产品的时间成本、交通成本等往往存在一定差异，故假设 h 服从区间［0，1］上的均匀分布。由此，可得消费者到体验店体验产品的预期净效用 $E(u_S)$ 为

$$E(u_S)=\lambda(v-p-h)-(1-\lambda)h=\lambda(v-p)-h\tag{5-2}$$

假设产品潜在市场需求为 1，市场上潜在消费者至多购买 1 单位的产品。当 $E(u_O)\geqslant E(u_S)$ 且 $E(u_O)\geqslant 0$，即 $h\geqslant(1-\lambda)t$ 且

$v \geqslant p + (1-\lambda)t/\lambda$ 时，消费者会选择直接在线上渠道购买产品，如图 1 中的 A_O 区域；当 $E(u_S) \geqslant E(u_O)$ 且 $E(u_S) \geqslant 0$，即 $h \leqslant (1-\lambda)t$ 且 $v \geqslant p + h/\lambda$ 时，消费者会到体验店体验产品，如图 1 中的 A_S 区域；当 $E(u_S) = E(u_O) \geqslant 0$时，两种购买方式对消费者来说无差别。由此，可得直接在线上渠道购买产品的消费者数量 q_O 与到体验店体验产品的消费者数量 q_S 为

$$q_i = \iint_{A_i} \mathrm{d}F(v)\,\mathrm{d}F(h), i = O, S \tag{5-3}$$

在式（5-3）中，$i = O$ 表示消费者不体验产品直接购买情形，$i = S$ 表示消费者购买前到体验店体验产品情形。A_O 区域的面积为$[1-(1-\lambda)t][1-p-(1-\lambda)t/\lambda]$，$A_S$ 区域的面积为$(1-\lambda)t[1-p-(1-\lambda)t/2\lambda]$；$F(v)$为 v 的累积分布函数；$F(h)$为 h 的累积分布函数。

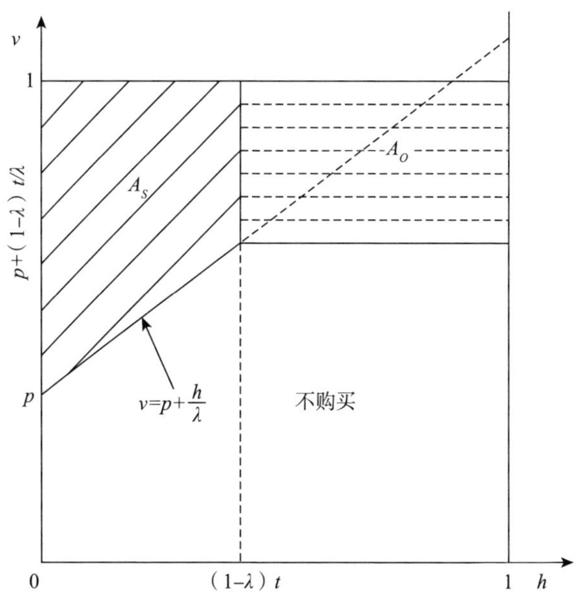

图 5-2　消费者购买行为示意

依据式（5－3）和图5－2，可以知道，当消费者对产品估值较低$[p \leqslant v \leqslant p+(1-\lambda)t/\lambda]$时，可能存在的退货风险使得消费者总是不会选择直接在线上渠道购买产品，但有可能到体验店体验产品。随着消费者对产品估值的提高$[v \geqslant p+(1-\lambda)t/\lambda]$，消费者将依据参观体验店的麻烦成本大小来选择购买方式。具体分析，当$h \leqslant (1-\lambda)t$时，消费者不愿意承担可能存在的退货风险而选择到体验店体验产品；当$h>(1-\lambda)t$时，消费者到体验店体验产品的成本较高，消费者将选择直接在线上渠道购买产品。

在线零售商在销售产品时，不仅承担了产品销售过程中的物流、库存、营销等一系列成本，还存在网络咨询、平台维护等线上销售中发生的额外成本；而对于体验渠道而言，由于仅提供样品供消费者试穿试用，不设库存，因而成本较小，并远小于线上渠道销售成本，故参考Ha等（2015）的设定，假定体验渠道成本为零，线上渠道成本为c。此外，当发生消费者退货时，考虑在线零售商往往要求消费者退货产品无损坏且不影响二次销售，同时消费者还承担了退货的物流费用，故假设消费者退货并不会给在线零售商带来额外的退货损失，在线零售商仅损失了产品销售成本c。此外，对于消费者退货的产品，在线零售商可以再次进行销售，因而消费者退货并不会对制造商造成损失。

依据上述模型假设，得到在线零售商的利润函数为π_O

$$\pi_O=(p-w)(\lambda q_O+\lambda q_S)-c(q_O+\lambda q_S) \tag{5-4}$$

在式（5－4）中，由于产品符合消费者需求的概率为λ，因而仅比例为λ的消费者才会给在线零售商带来收益；在q_O

中，数量（$1-\lambda$）q_O 的消费者会发生退货，因而 $c(1-\lambda)q_O$ 可以看作在线零售商的退货损失；在 q_S 中，比例为 λ 的消费者会到线上渠道下单购买，因而 $c\lambda q_S$ 可以看作在线零售商通过体验渠道销售的成本。

假设制造商的边际生产成本为常量，为便于分析且不失一般性，标准化为零。制造商的利润函数 π_M 为

$$\pi_M = w(\lambda q_O + \lambda q_S) \tag{5-5}$$

根据式（5－4）、式（5－5）在线零售商和制造商的利润函数，可以得到供应链系统的利润为供应双方的利润之和，即供应链系统的利润函数 π_{SC} 为：

$$\pi_{SC} = p(\lambda q_O + \lambda q_S) - c(q_O + \lambda q_S) \tag{5-6}$$

考虑供应链中存在两种主导权结构，即制造商主导（M 结构）和在线零售商主导（R 结构）。在 M 结构下，制造商因拥有资源优势或股权等处于领导地位，为 Stackelberg 博弈的领导者，如华为等企业；在 R 结构下，在线零售商由于长期的市场经营，或掌握销售渠道等处于领导地位，为 Stackelberg 博弈的领导者，如京东商城、亚马逊等大型在线零售商。这种考虑也广泛出现在近期文献中，如 Chen 等（2014），Luo 等（2018），金亮和郭萌（2018）等。

表 5－1　符号定义与说明

符号	定义与说明
λ	产品符合消费者需求的概率，$0<\lambda<1$
v	消费者的支付意愿或对产品的估值，$v \sim U[0,\ 1]$
p	在线零售商决策的产品零售价格

续表

符号	定义与说明
t	消费者退货成本
w	制造商决策的产品批发价格
q_i	产品需求，$i=O$，S 分别表示消费者直接购买和体验产品情形
c	在线零售商的产品销售成本
$E(u)$	消费者购买产品获得的预期净效用
CS	消费者剩余
π_O	在线零售商获得的利润
π_M	制造商获得的利润
π_{SC}	供应链系统的利润

第二节　单渠道情形下的供应链博弈模型

为建立体验渠道策略下的比较基准，本节先给出在线零售商未引入体验渠道下的供应链均衡。此时，仅当 $E(u_O)\geqslant 0$，即 $v\geqslant p+(1-\lambda)t/\lambda$ 时，消费者才会购买产品，即购买产品的消费者数量为 $q=1-p-(1-\lambda)t/\lambda$。由此，可以得到单渠道策略下的在线零售商利润函数 π_O 为

$$\pi_O=(p-w)\lambda q-cq \tag{5-7}$$

在式（5-7）中，在线零售商获得的利润为其产品销售收益 $p\lambda q$，减去产品批发成本 $w\lambda q$ 和产品销售成本 cq。制造商获得的利润 π_M 则为其产品批发销售收益，即为

$$\pi_M=w\lambda q_O \tag{5-8}$$

M 结构下，制造商依据预期的在线零售商定价反应来决策

批发价格 w；然后，依据 w，在线零售商确定产品零售价格 p。R 结构下，可用 m 来表示在线零售商率先确定的边际利润，即用 $m+w$ 代替 p；然后，依据 m，制造商确定产品批发价格 w。由此，可求得 M 结构和 R 结构下的供应链均衡，见表 5-2。

表 5-2　未引入体验渠道情形下的供应链均衡

情形	w^{Bj*}	p^{Bj*}	q^{Bj*}	π_O^{Bj*}	π_M^{Bj*}	π_{SC}^{Bj*}
M	$\frac{A}{2}$	$\frac{3A+4c}{4}$	$\frac{A}{4}$	$\frac{A^2}{16}$	$\frac{A^2}{8}$	$\frac{3A^2}{16}$
R	$\frac{A}{4}$	$\frac{3A+4c}{4}$	$\frac{A}{4}$	$\frac{A^2}{8}$	$\frac{A^2}{16}$	$\frac{3A^2}{16}$

表 5-2 中，$j\in\{M,R\}$ 分别代表两种不同的主导权结构；$A=[\lambda-c-(1-\lambda)t]/\lambda$，且需满足 $\lambda>c+(1-\lambda)t$ 条件。

由表 5-2 可知，在不同主导权结构下，当消费者退货成本较高时，为应对消费者可能会退货的风险，供应双方均会实施低价策略。而当在线零售商产品销售成本较高时，消费者退货给在线零售商带来的退货损失也较大，因而为抑制在线零售商实施高价策略，制造商会适当地降低产品批发价格，但此时在线零售商则需要提高产品零售价格来弥补其销售成本支出和退货损失。

接下来，分析消费者剩余。当产品符合消费者需求时，消费者获得效用 $v-p$，故消费者剩余为 $\lambda\int_{p+\frac{(1-\lambda)t}{\lambda}}^{1}(v-p)\mathrm{d}F(v)$；当产品不符合消费者需求时，消费者退货并获得全额退款，仅损失退货成本 t，故消费者剩余为 $(1-\lambda)\int_{p+\frac{(1-\lambda)t}{\lambda}}^{1}(-t)\mathrm{d}F(v)$。因此，可得单渠道策略下的消费者剩余 CS^B 为

$$CS^B = \lambda\int_{p+\frac{(1-\lambda)t}{\lambda}}^{1}(v-p)\mathrm{d}F(v) + (1-\lambda)\int_{p+\frac{(1-\lambda)t}{\lambda}}^{1}(-t)\mathrm{d}F(v)$$
$$= \frac{[\lambda(1-p)-(1-\lambda)t]^2}{2\lambda} \quad (5-9)$$

将表 5-2 中的 p^{Bj^*} 代入式（5-9），易得 CS^{Bj^*}。可以知道，消费者剩余除了会受到产品零售价格的影响，还会受到消费者退货行为的影响，即消费者退货成本和在线零售商产品销售成本总是会导致消费者剩余的损失，容易验证：$\partial CS^{Bj^*}/\partial t<0$，$\partial CS^{Bj^*}/\partial c<0$。

命题 5.1 在未引入体验渠道的情形下，比较不同主导权结构下的供应链均衡，可以得到：

（1）$w^{BM^*}>w^{BR^*}$，$p^{BM^*}=p^{BR^*}$，$q^{BM^*}=q^{BR^*}$；

（2）$\pi_M^{BM^*}>\pi_M^{BR^*}$，$\pi_O^{BR^*}>\pi_O^{BM^*}$，$\pi_{SC}^{BM^*}=\pi_{SC}^{BR^*}$，$CS^{BM^*}=CS^{BR^*}$；

（3）$\pi_M^{BM^*}>\pi_O^{BM^*}$，$\pi_O^{BR^*}>\pi_M^{BR^*}$。

证明：根据表 5-2，直接比较不同主导权结构下的供应链均衡，即可得，略。

命题 5.1 表明，在 M 结构下，处于主导地位的制造商总是会设置更高的批发价格（相比 R 结构），而在两种主导权结构下产品零售价格相等，但在线零售商在 R 结构下确定的产品边际利润更高。由此，也使得两种主导权结构下的产品需求相等，因而不同主导权结构下的供应链系统利润和消费者剩余也会相等。最后，分析供应双方的利润，可以发现，在 M（R）结构下，制造商（在线零售商）总是能够获得更多的利润，即 $\pi_M^{BM^*}>\max\{\pi_M^{BR^*},\pi_O^{BM^*}\}$（$\pi_O^{BR^*}>\max\{\pi_O^{BM^*},\pi_M^{BR^*}\}$）。该命题也揭示了不同的供应链主导权会导致供应双方不平衡的利润分配，且处于主导地位的供应链成员能够获得更多利润。

第三节　在线零售商 O2O 渠道策略分析

本节将考察在线零售商引入 O2O 渠道下的供应链均衡，即当在线零售商引入体验渠道时，在线零售商和制造商的最优定价决策。下面将分别针对 M 结构和 R 结构，分别构建在线零售商与制造商的博弈模型，求解二者的最优定价策略。

一　制造商主导的博弈模型（M 结构）

M 结构下的交易过程为：首先，依据预期的在线零售商定价反应 $p^*(w)$，制造商决策最优批发价格 w^*；然后，依据 w^*，在线零售商决策最优零售价格 p^*。在 M 结构下，制造商作为博弈的领导者，与在线零售商展开 Stackelberg 博弈，需要解决的优化问题如下：

$$\begin{cases} \max\limits_{w\geqslant 0}\pi_M = w[\lambda q_O(p^*) + \lambda q_S(p^*)] \\ \text{s. t.}\ \ q_O(p^*)\geqslant 0, q_S(p^*)\geqslant 0, w\geqslant 0 \end{cases} \tag{5-10}$$

式中，

$$p^*(w) = \underset{p\geqslant w}{\operatorname{argmax}}[(p-w)(\lambda q_O + \lambda q_S) - c(q_O + \lambda q_S)] \tag{5-11}$$

在上述优化问题中，根据逆向归纳的方法，先根据式（5-11）求解在线零售商的定价反应，然后根据式（5-10）求解制造商的定价决策，得到定理 5.1。

定理 5.1　在 M 结构下，制造商与在线零售商的最优定价决策 w^{M^*}、p^{M^*} 分别为

$$w^{M^*}=\frac{(1-\lambda)^2(t+2c)t+2\lambda A}{4\lambda},p^{M^*}=\frac{(1-\lambda)^2(3t-2c)t+8c+6\lambda A}{8\lambda}$$

证明：由逆向归纳法，分两个步骤求解上述优化问题。首先，依据式（5－11），求解 π_O 关于 p 的二阶偏导数，为 $\partial^2\pi_O/\partial p^2=-2\lambda<0$，即 π_O 为关于 p 的凹函数，故由最优性一阶条件可求得：

$$p^*(w)=\frac{2\lambda(w+A)+(1-\lambda)^2(t-2c)t+4c}{4\lambda}$$

然后，将 $p^*(w)$ 代入式（5－11），求解 π_M 关于 w 的二阶偏导数，易得 $\partial^2\pi_M/\partial w^2=-\lambda<0$，即 π_M 为关于 w 的凹函数，故由最优性一阶条件可求得 w^{M^*}，进而得到 p^{M^*}。

由定理 5.1 可知，在 M 结构下，随着在线零售商产品销售成本的增大，消费者退货给在线零售商带来的损失也较大，此时制造商将会降低最优产品批发价格，以抑制在线零售商制定较高的产品零售价格而给需求带来不利影响；同时，在线零售商则需要适当地提高产品零售价格，以弥补消费者退货给其带来的退货损失。最后，将定理 5.1 所得供应双方的最优定价决策代入式（5－3），可得两种不同购买方式下的消费者数量分别为 $q_O^{M^*}$、$q_S^{M^*}$；代入式（5－4）、式（5－5）、式（5－6），可得在线零售商、制造商以及供应链系统的利润分别为 $\pi_O^{M^*}$、$\pi_M^{M^*}$、$\pi_{SC}^{M^*}$。接下来，进一步考察体验渠道策略下的消费者剩余，容易得到，消费者到体验店体验产品的消费者剩余 CS_S 为

$$CS_S=\lambda\int_0^{(1-\lambda)t}\int_{p+\frac{h}{\lambda}}^1(v-p-h)\mathrm{d}F(v)\mathrm{d}F(h)+$$
$$(1-\lambda)\int_0^{(1-\lambda)t}\int_{p+\frac{h}{\lambda}}^1(-h)\mathrm{d}F(v)\mathrm{d}F(h)=$$

$$\frac{1}{2}pt(1-\lambda)[(1-\lambda)t-\lambda(2-p)]+$$

$$\frac{(1-\lambda)\{(1-\lambda)^2t^2+3\lambda[\lambda-(1-\lambda)t]\}t}{6\lambda}$$

(5－12)

在式（5－12）中，当消费者到体验店体验产品时，若产品符合其需求，则消费者获得效用 $v-p-h$，消费者剩余为 $\int_0^{(1-\lambda)t}\int_{p+\frac{h}{\lambda}}^{1}(v-p-h)\mathrm{d}F(v)\mathrm{d}F(h)$；若产品不符合消费者需求，则消费者放弃购买产品，但仍产生了沉没成本 h，消费者剩余为 $\int_0^{(1-\lambda)t}\int_{p+\frac{h}{\lambda}}^{1}(-h)\mathrm{d}F(v)\mathrm{d}F(h)$。另外，当消费者直接在线上渠道购买产品时，与单渠道策略下的情形式（5－9）类似，消费者剩余为 $CS_O=CS^B$。因此，在线零售商体验渠道策略下的消费者剩余 CS 为

$$CS=CS_O+CS_S=\frac{(t+3)(1-\lambda)^3t^2}{6\lambda}+\frac{1}{2}\{\lambda(1-p)^2+$$
$$(1-\lambda)[\lambda tp^2-(2-\lambda)t]+(1-\lambda)^2(t+2)tp\} \quad (5-13)$$

将 p^{M^*} 代入 CS_O、CS_S、CS，可得体验渠道策略下的消费者剩余为 $CS_O^{M^*}$、$CS_S^{M^*}$、CS^{M^*}。可以知道，由于消费者在选择是否到体验店体验产品时，均需要考虑可能的产品退货行为的影响，因而在不同情形下，消费者剩余除了会受到产品零售价格的影响，还会受到其退货行为的影响。

二　在线零售商主导的博弈模型（R 结构）

在 R 结构下，用 $m+w$ 来代替 $p(p=m+w)$，交易过程为：首先，预期制造商的定价反应 $w^*(m)$，在线零售商决策最优边

际利润 m^*；然后，依据 m^*，制造商决策最优批发价格。在 R 结构下，在线零售商作为博弈的领导者，与制造商展开 Stackelberg 博弈，需要解决的优化问题为

$$\begin{cases}\max\limits_{m}\pi_O=\{m[\lambda q_O(w^*)+\lambda q_S(w^*)]-c[q_O(w^*)+\lambda q_S(w^*)]\}\\ \text{s.t. } q_O(w^*)\geqslant 0,q_S(w^*)\geqslant 0,m\geqslant 0\end{cases} \tag{5-14}$$

式中，

$$w^*(m)=\arg\max_{w\geqslant 0}w(\lambda q_O+\lambda q_S) \tag{5-15}$$

在上述优化问题中，根据逆向归纳的方法，先根据式（5－15）求解制造商的定价反应，然后根据式（5－14）求解在线零售商的定价决策，得到定理 5.2。

定理 5.2　在 R 结构下，制造商与在线零售商的最优定价决策 w^{R^*}、p^{R^*} 分别为

$$w^{R^*}=\frac{(1-\lambda)^2(t+2c)t+2\lambda A}{8\lambda},p^{R^*}=\frac{(1-\lambda)^2(3t-2c)t+8c+6\lambda A}{8\lambda}$$

证明：由逆向归纳法，分两个步骤求解上述优化问题。首先，依据式（5－15），求解 π_M 关于 w 的二阶偏导数，为$\partial^2\pi_M/\partial w^2=-2\lambda<0$，即 π_M 为关于 w 的凹函数，故根据最优性一阶条件可求得：

$$w^*(m)=\frac{(1-\lambda)^2t^2-2(1-\lambda)t+2\lambda-2m}{4\lambda}$$

然后，将 $w^*(m)$ 代入（5－14），求解 π_O 关于 m 的二阶偏导数，为$\partial^2\pi_O/\partial m^2=-\lambda<0$，即 π_O 为关于 m 的凹函数，故由最优性一阶条件可求得：

$$m^{*}=\frac{(1-\lambda)^{2}(t+2c)t+2\lambda A+4c}{4\lambda}$$

根据上式，将 m^{*} 代入 $w^{*}(m)$ 和 $p=m+w$，可以得到制造商和在线零售商的最优定价策略 $w^{R^{*}}$、$p^{R^{*}}$。

由定理 5.2 可知，在 R 结构下，与 M 结构类似，当在线零售商产品销售成本较大时，制造商将实施低价策略，在线零售商将实施高价策略。但不同的是，在 R 结构下，消费者退货成本、在线零售商产品销售成本对供应双方最优定价策略的影响更显著。最后，将定理 5.2 所得的 $w^{R^{*}}$ 和 $p^{R^{*}}$ 代入式（5－3），可得两种不同购买方式下的消费者数量分别为 $q_{O}^{R^{*}}$、$q_{S}^{R^{*}}$；代入式（5－3）、式（5－4）、式（5－5），可得在线零售商、制造商以及供应链系统的利润分别为 $\pi_{O}^{R^{*}}$、$\pi_{M}^{R^{*}}$、$\pi_{SC}^{R^{*}}$；代入式（5－12）和式（5－13），得到消费者剩余为 $CS_{O}^{R^{*}}$、$CS_{S}^{R^{*}}$、$CS^{R^{*}}$。

命题 5.2　在不同主导权结构下，在线零售商和制造商的最优定价策略均会受到消费者退货成本的影响，表现为：$\frac{\partial w_{i}^{*}}{\partial t}<0$，$\frac{\partial p_{i}^{*}}{\partial t}<0$。

证明：根据定理 5.1，在 M 结构下，分别求解 $w_{i}^{M^{*}}$ 和 $p_{i}^{M^{*}}$ 关于 t 的一阶偏导数，得到：

$$\frac{\partial w^{M^{*}}}{\partial t}=-\frac{(1-\lambda)[1-(1-\lambda)(c+t)]}{2\lambda}<0,$$

$$\frac{\partial p^{M^{*}}}{\partial t}=\frac{(1-\lambda)[(1-\lambda)(3t-c)-3]}{4\lambda}<0$$

同理，在 R 结构下，分别求解 $w_{i}^{R^{*}}$ 和 $p_{i}^{R^{*}}$ 关于 t 的一阶偏导数，易得，略。

命题5.2表明，在不同主导权结构下，当产品退货给消费者造成的退货成本较高时，制造商会降低产品批发价格（$\partial w_i^* / \partial t < 0$），原因在于根据在线零售商的反应函数 $p_i^*(w_i, f_i)$，在线零售商需要降低销售价格来补偿消费者可能存在的退货成本，激励消费者购买，因而制造商降低批发价格能给予在线零售商更大的定价空间。也就是说，较高的消费者退货成本也会促使在线零售商降低产品零售价格。根据命题5.2，面对可能存在的消费者退货行为，处于上游的制造商需要适当降低产品批发价格，而处于下游的在线零售商则需要根据消费者对产品的满意程度来调整其定价策略。

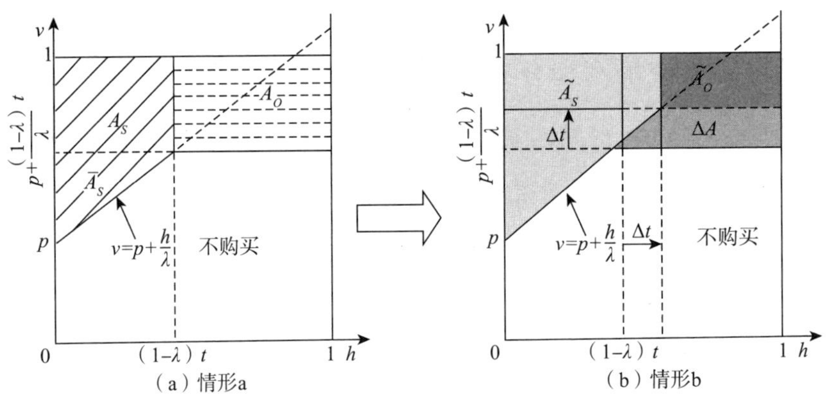

图5-3　消费者购买行为示意

为进一步考察产品退货对消费者购买行为的影响，绘制消费者购买行为示意图，如图5-3所示。消费者通过权衡产品估值 v 和麻烦成本 h 的大小来选择购买方式。根据图5-3（a），当满足 $v \geqslant p - e + \dfrac{h}{\lambda}$ 且 $h \leqslant (1-\lambda)t$ 时，消费者会选择体验产品，如图5-3（a）中的 A_S 区域；当满足 $v \geqslant p - e + \dfrac{(1-\lambda)\ t}{\lambda}$ 且 $h \geqslant$

$(1-\lambda)t$ 时，消费者会选择不体验直接购买产品，如图 5－3（a）中的 A_O 区域。当消费者退货成本发生变化时，如图 5－3（b）所示，假设消费者退货成本增大 Δt，对产品估值为 $p+\frac{(1-\lambda)\ t}{\lambda}\leqslant v\leqslant p+\frac{(1-\lambda)\ (t+\Delta t)}{\lambda}$ 的消费者总是不会选择不体验而直接购买产品，其中部分消费者将放弃购买产品；麻烦成本为 $(1-\lambda)t\leqslant h\leqslant(1-\lambda)(t+\Delta t)$ 的消费者则会改变购买方式，会选择购买产品前先到体验店体验产品，其中部分消费者放弃购买产品。对比图 5－3（a）和图 5－3（b），退货成本增大 Δt，到体验店体验产品的消费者数量会相应地增加，如图 5－3（b）中的 $\tilde{A}_S$ 区域，易知 $\iint\tilde{A}_S>\iint A_S$；而不体验直接购买产品的消费者数量会减少，如图 5－3（b）中的 $\tilde{A}_O$ 区域，易知 $\iint\tilde{A}_O<\iint A_O$。但增加的体验产品消费者数量要小于不体验产品消费者数量，满足关系 $\iint\tilde{A}_S-\iint A_S<\iint A_O-\iint\tilde{A}_O$，即消费者数量将减少，如图 5－3（b）中的 ΔA 区域，为 $\iint\Delta A$。

第四节 不同主导权下的供应链均衡比较

在本章第二节和第三节中，在单渠道情形和体验渠道策略下分别求解了 M 结构和 R 结构下的供应链均衡。本节将通过比较不同情形下的供应链均衡，先考察在线零售商引入体验渠道的价值；然后，分析不同主导权结构对在线零售商和制造商最优定价策略、利润的影响。

一　体验渠道价值分析

比较单渠道情形和体验渠道策略下的供应链均衡，考察在线零售商引入体验渠道的可信条件以及体验渠道策略对在线零售商、制造商定价策略的影响。根据定理 5.1 和定理 5.2，分别考察 M 结构和 R 结构下的 O2O 渠道策略，得到命题 5.3 和命题 5.4。

命题 5.3　比较在线零售商引入体验渠道前后制造商和在线零售商的最优定价策略，可以得到：

（1）$w^{j^*} > w^{Bj^*}(j \in \{M,R\})$；当 $c < 3t/2$ 时，$p^{j^*} > p^{Bj^*}$；

（2）$q_O^{j^*} + q_S^{j^*} > q^{Bj^*}$。

证明：在 M 结构，比较不同情形下各个企业的最优定价策略和产品需求，可以求得：

$$w^{M^*} - w^{BM^*} = \frac{(2c+t)(1-\lambda)^2 t}{4\lambda} > 0, p^{M^*} - p^{BM^*} = \frac{(3t-2c)(1-\lambda)^2 t}{8\lambda},$$

$$q_O^{M^*} + q_S^{M^*} - q^{BM^*} = \frac{(1-\lambda)^2(2c+t)t}{8\lambda} > 0$$

根据上式，可以得到：当 $c < 3t/2$ 时，$p^{M^*} - p^{BM^*} > 0$。

在 R 结构，比较不同情形下各个企业的最优定价策略和产品需求，可以求得：

$$w^{R^*} - w^{BR^*} = \frac{(2c+t)(1-\lambda)^2 t}{8\lambda} > 0, p^{R^*} - p^{BR^*} = \frac{(3t-2c)(1-\lambda)^2 t}{8\lambda},$$

$$q_O^{R^*} + q_S^{R^*} - q^{BR^*} = \frac{(1-\lambda)^2(2c+t)t}{8\lambda} > 0$$

根据上式，可以得到：当 $c < 3t/2$ 时，$p^{R^*} - p^{BR^*} > 0$。

命题 5.3 表明，在不同主导权下，当在线零售商引入体验渠道时，制造商总是会实施高价策略，通过提高产品批发价格来获取更多利润。对于在线零售商而言，更高的产品批发价格并不一定会使其提高产品零售价格，由于消费者退货会给在线零售商造成损失，因而在线零售商的最优定价决策还会受到其产品销售成本的影响，即当在线零售商产品销售成本较小（$c<3t/2$）时，在线零售商才会实施高价策略。此外，依据式（5－3），体验渠道的引入能够吸引部分对产品估值较低的消费者到体验店体验产品，因而 O2O 渠道策略下购买产品的消费者数量总是更多。

推论 5.1　比较不同主导权下的制造商和在线零售商最优定价决策，可以得到：

（1）$w^{M^*}-w^{BM^*}>w^{R^*}-w^{BR^*}$，$p^{M^*}-p^{BM^*}=p^{R^*}-p^{BR^*}$；

（2）$q_O^{M^*}+q_S^{M^*}-q^{BM^*}=q_O^{R^*}+q_S^{R^*}-q^{BR^*}$。

证明：根据命题 5.3 的证明过程，直接比较，易得，略。

推论 5.1 表明，在 M 结构下，制造商处于主导地位，因而体验渠道对制造商最优定价决策的影响更加明显。而对于在线零售商而言，不同主导权并不会影响其定价决策，但在 R 结构下，在线零售商决策的产品边际利润更高。此外，依据产品零售价格的变化，可以知道，不同主导权下购买产品的消费者数量相同。

命题 5.4　在不同情形下，在线零售商引入体验渠道能为其带来更多利润，即在线零售商总是有动机引入体验渠道，表现为：$\pi_O^{j^*}>\pi_O^{Bj^*}$；同时，体验渠道的引入还能有效提升制造商和供应链系统的利润水平，表现为：$\pi_M^{j^*}>\pi_M^{Bj^*}$，$\pi_{SC}^{j^*}>\pi_{SC}^{Bj^*}$。

证明：在 M 结构下，$\pi_O^{M^*}-\pi_O^{BM^*}=\dfrac{(1-\lambda)^2tf_1(c)}{16\lambda}$，其中

$f_1(c)=B_1c^2+B_2c+B_3$，$B_1=-2+(1-\lambda)^2t<0$，$B_2=2\lambda-2(1-\lambda)^2t^2-\lambda t+5(1-\lambda)[1-(1-\lambda)t]t$，$B_3=[(1-\lambda)^2t^2+4\lambda-4(1-\lambda)t]t/4>0$。由此，容易知道，$\Delta=B_2^2-4B_1B_3>0$。又由$q^{BM^*}>0$可得 $c\in[0,\lambda-(1-\lambda)t]$，并且，容易验证，$\lim\limits_{c\to 0}f_1(c)>0$，$\lim\limits_{c\to\lambda-(1-\lambda t)}f_1(c)>0$，因此在区间 $c\in[0,\lambda-(1-\lambda)t]$ 内，$f_1(c)>0$恒成立，即 $\pi_O^{M^*}-\pi_O^{BM^*}>0$。

在 R 结构下，$\pi_O^{R^*}-\pi_O^{BR^*}=\dfrac{(1-\lambda)^2tf_2(c)}{8\lambda}$，其中$f_2(c)=B_1c^2+B_4c+B_3,B_4=2\lambda+(1-2\lambda)t-3(1-\lambda)^2t^2$，易知 $\Delta=B_4{}^2-4B_1B_3>0$，并且，可以验证，$\lim\limits_{c\to 0}f_2(c)>0$，$\lim\limits_{c\to\lambda-(1-\lambda t)}f_2(c)>0$，因而$f_2(c)>0,\pi_O^{R^*}-\pi_O^{BR^*}>0$。

同理，可以验证 $\pi_M^{j^*}-\pi_M^{Bj^*}>0,\pi_{SC}^{j^*}-\pi_{SC}^{Bj^*}>0$，证明略。

命题 5.4 表明，在不同主导权下，在线零售商总是会选择引入体验渠道，此时制造商和供应链系统的利润均能得到有效提升。依据命题 5.4，体验渠道的引入会影响在线零售商和制造商的最优定价决策以及产品需求，由此导致二者利润的变化。具体分析，更高的批发价格和产品需求使得制造商获得更多利润；对于在线零售商而言，虽然零售价格并不一定更高，但体验渠道可以减少消费者关于产品是否符合其需求的不确定性，降低产品退货率，因而在线零售商能够获得更多利润。为直观考察 O2O 渠道策略对供应双方利润的影响，设置参数 $t=0.05$，$c=0.1$，由 $q^{BM^*}>0$ 可知，需满足 $\lambda>(c+t)/(1+t)\approx 0.143$，绘制在线零售商、制造商利润之差随 λ 的变化曲线，如图 5－4、图 5－5 所示。

观察图 5－4、图 5－5 可以有如下发现。（1）在不同情形下，O2O 渠道策略与单渠道策略下的供应双方利润之差总是大于零，表明体验渠道的引入总是对在线零售商和制造商有利。（2）由图 5-4 可知，在 R 结构下，在线零售商处于主导地位，O2O 渠道策略下的利润增量更大，表明 R 结构下在线零售商引入体验渠道的动机更大；并且，在不同情形下，随着产品符合消费者需求概率的增大，O2O 渠道策略下的在线零售商利润增量会呈现下降趋势，表明当产品退货率较低时，体验渠道的价值会降低。（3）由图 5-5 可知，在 M 结构下，制造商处于主导地位，O2O 渠道策略下的利润增量更大；并且，在不同情形下，随着产品符合消费者需求概率的增大，O2O 渠道策略下的制造商利润增量会先增大后减小。

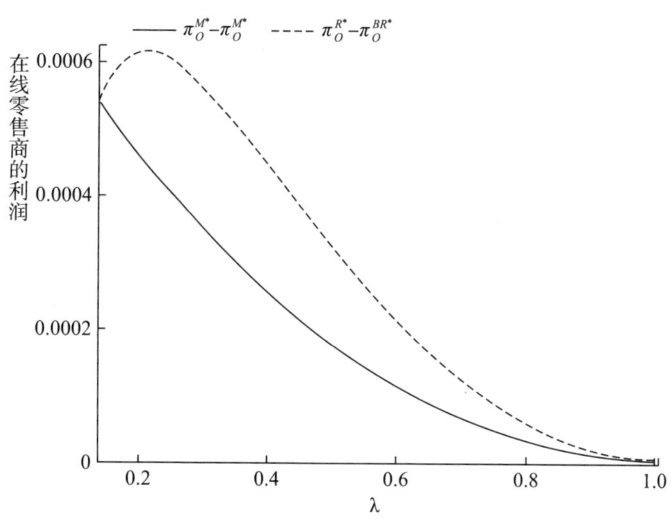

图 5-4　不同情形下的在线零售商利润之差

命题 5.5　体验渠道的引入总是能够有效提升消费者剩余，表现为：$CS^{j^*} > CS^{Bj^*}(j \in \{M, R\})$；并且，在不同主导权下，引入体验渠道对消费者剩余的影响相同，即 $CS^{M^*} - CS^{BM^*} = CS^{R^*} - CS^{BR^*}$。

证明：根据定理 5.1 和定理 5.2，比较不同情形下的消费者剩余，易得，略。

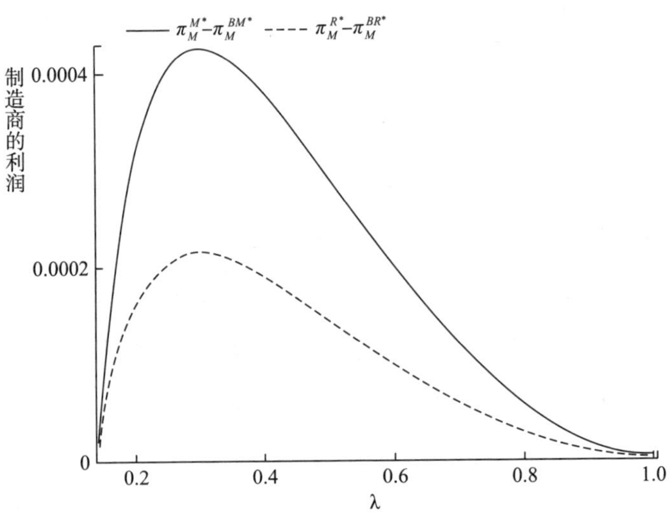

图 5－5　不同情形下的制造商利润之差

命题 5.5 表明，在 O2O 渠道策略下，在线零售商的最优定价决策和产品需求均会发生变化，同时体验渠道还有利于降低产品退货率，因而引入体验渠道对消费者剩余有利。为直观考察 O2O 渠道策略对产品需求的影响，绘制单渠道策略下消费者购买行为示意图［如图 5－6（a）］和 O2O 渠道策略下消费者购买行为示意图［如图 5－6（b）］。其中，在单渠道策略下，并不存在消费者参观体验店的麻烦成本参数 h，图 5－6（a）中标示出 h 仅为便于与图 5－6（b）进行比较。

观察图 5－6（a）可以发现，在单渠道策略下，当且仅当消费者对产品符合其需求时的支付意愿足够大，即 $v \geqslant p+(1-\lambda)t/\lambda$ 时，消费者才会选择购买产品，即图 5－6（a）中的 A_O 区域；而在 O2O 渠道策略下，如图 5－6（b）所示，除了支付意愿较高［即满足条件 $v \geqslant p+(1-\lambda)t/\lambda$］的消费者会购买产品之外，当消费者的支付意愿较小，即 $p \leqslant v \leqslant p+(1-\lambda)t/\lambda$ 时，消费者也会选择到体验店体验产品，即图 5－6（b）中的 $\overline{A}_S$ 区域。比较分析可以发现，在 O2O 渠道策略下，增加的产品需求可以表示为 $\bar{A}_S$ 区域，并且这部分的消费者不存在退货。因此，在 O2O 渠道策略下，有助于吸引部分支付意愿较小的消费者到体验店体验产品，从而使得产品需求增加，且为 $\iint_{\bar{A}_S} \mathrm{d}F(v)\mathrm{d}F(h)$ 。依据命题 5.4，在不同主导权下，购买产品的消费者数量增加（$q_O^{j^*} + q_S^{j^*} > q^{Bj^*}$）。另外，O2O 渠道策略还会对在线零售商最优定价决策造成影响。依据命题 5.3，可以知道，体验渠道的引入对在线零售商最优定价决策的影响取决于在线零售商产品销售成本和消费者退货成本。综上所述，虽然体验渠道的引入对在线零售商最优定价决策的影响存在一定的不确定性，但此时产品需求是增加的，并能降低退货率，故 O2O 渠道策略下的消费者剩余总是增加。

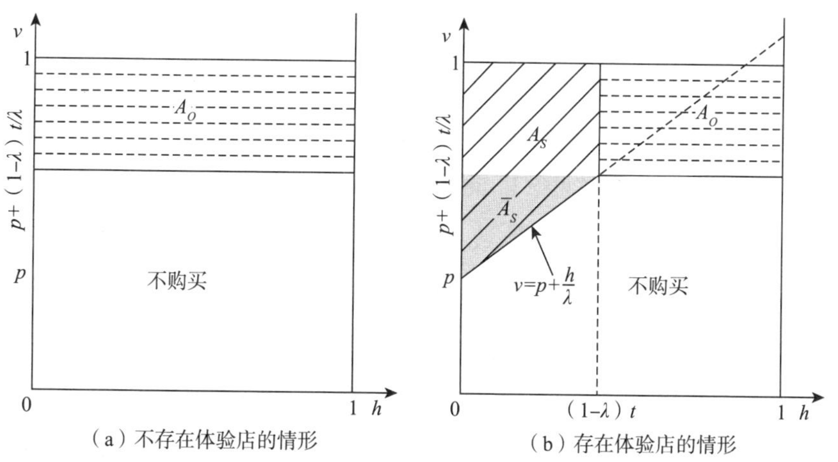

图 5－6　不同情形下的消费者购买行为示意

二　不同供应链主导权的影响分析

根据定理 5.1 和定理 5.2，比较不同主导权下的供应链均衡和消费者剩余，考察在线零售商与制造商之间的主导权结构的影响，得到如下命题5.6和命题5.7。

命题5.6 比较不同主导权下的制造商和在线零售商最优定价决策，可以得到：

（1）$w^{M^*} > w^{R^*}$，$p^{M^*} = p^{R^*}$；$q_O^{M^*} = q_O^{R^*}$，$q_S^{M^*} = q_S^{R^*}$；

（2）$\frac{\partial(w^{M^*} - w^{R^*})}{\partial c} < 0$，$\frac{\partial(w^{M^*} - w^{R^*})}{\partial t} < 0$，$\frac{\partial(w^{M^*} - w^{R^*})}{\partial \lambda} > 0$。

证明：比较不同主导权下的最优定价决策，可以得到

$$w^{M^*} - w^{R^*} = \frac{(1-\lambda)^2(t+2c)t + 2\lambda - 2c - 2(1-\lambda)t}{8\lambda} > 0, p^{M^*} - p^{R^*} = 0;$$

$$q_O^{M^*} - q_O^{R^*} = 0, q_S^{M^*} - q_S^{R^*} = 0$$

然后，对 $w^{M^*} - w^{R^*}$ 分别求解关于 c、t 和 λ 的一阶偏导数，易得，略。

命题5.6表明，在M结构下，制造商处于主导地位，总是会设置更高的产品批发价格；在R结构下，在线零售商处于主导地位，总是会决策更高的产品边际利润，但由于批发价格的变化，最优产品在线零售商价格在两种结构下会相等。并且，相同的产品零售价格会导致直接在线上渠道购买产品和到体验店体验产品的消费者数量相等。此外，还可以发现，消费者退货成本和在线零售商产品销售成本均能够缓解不同主导权下的批发价格差异，而产品符合消费者需求的概率则会加剧不同主导权下的批发价格差异。

命题5.7 比较不同主导权下的供应双方和供应链系统利润以及消费者剩余，可以得到：

（1）$\pi_M^{M^*} > \pi_M^{R^*}$，$\pi_O^{M^*} < \pi_O^{R^*}$；

（2）$\pi_{SC}^{M^*} = \pi_{SC}^{R^*}$，$CS^{M^*} = CS^{R^*}$。

证明：比较两种主导权下的在线零售商和制造利润，可以得到

$$\pi_O^{M^*} - \pi_O^{R^*} = -\frac{[(1-\lambda)^2(t+2c)t+2\lambda A]^2}{64\lambda} < 0,$$

$$\pi_M^{M^*} - \pi_M^{R^*} = \frac{[(1-\lambda)^2(t+2c)t+2\lambda A]^2}{64\lambda} > 0$$

然后，比较供应链系统利润和消费者剩余，易得：$\pi_{SC}^{M^*} - \pi_{SC}^{R^*} = 0, CS^{M^*} - CS^{R^*} = 0$。

命题 5.7 表明，处于主导地位的供应链成员总是能够获得更多的利润份额，但不同主导权并不会对供应链系统利润和消费者剩余造成影响。具体分析，在 M 结构下，制造商提高产品批发价格，能够获得更多利润份额；在 R 结构下，在线零售商决策的更高产品边际利润使其获得更多利润份额。并且，在 M 结构和 R 结构下，供应链系统利润相等，这意味着供应双方不平衡的主导权结构并不会导致供应链系统利润损失，仅导致供应成员之间不平衡的利润分配，即导致利润在供应链系统内部的重新分配。此外，根据命题 5.6，由于 M 结构和 R 结构下的产品零售价格相等，因而两种主导权下的消费者剩余也相等。

第五节　算例分析

下面通过数值算例直观考察上述理论分析结果，以得到更多管理学启示。设置参数 $t=0.05$，$c=0.1$，由 $q^{BM^*}>0$ 可知，需满足 $\lambda>(c+t)/(1+t)\approx 0.143$，以 λ 为横坐标，绘制图 5-7 和图 5-8。

观察图 5-7 可以发现：(1) 在不同情形下，单渠道策略和

O2O 渠道策略下的供应链系统利润之差总是大于零，表明体验渠道的引入总是能够有效提升供应链系统利润；（2）M 结构和 R 结构下的供应链系统利润之差相等，这是因为在单渠道策略和 O2O 渠道策略下，不同主导权均不会影响供应链系统利润，仅导致利润在供应链系统内部的重新分配；（3）随着产品符合消费者需求概率的增大，供应链系统利润之差先增大后减小，表明当产品退货率较高时，引入体验渠道对供应链系统的有利影响也较大，但随着产品退货率的降低，体验渠道价值将逐渐减小。

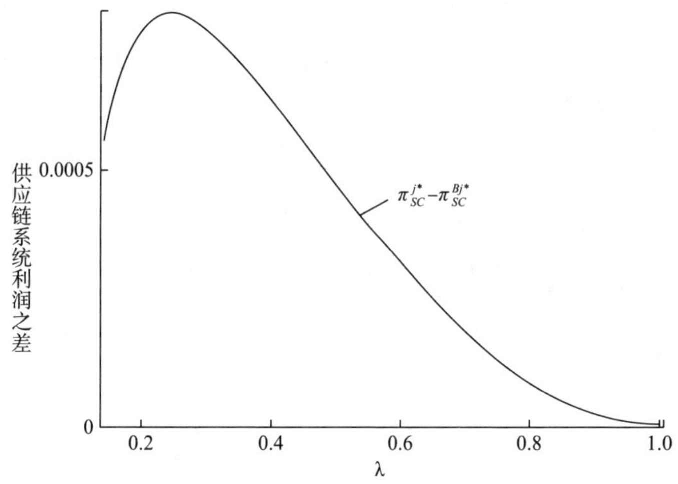

图 5－7　不同情形下的供应链系统利润之差

为进一步考察体验店价值，先定义 $\Delta_O^j=(p^{j^*}-w^{j^*}-c)\lambda q_S/\pi_O^{j^*}$，$\Delta_M^j=w^{j^*}\lambda q_S/\pi_M^{j^*}(j\in\{M,R\})$分别表示体验渠道为供应双方带来的利润占其总利润的比例。观察图 5－8 可以发现：（1）在不同情形下，体验渠道利润占比总是会随产品符合消费者需求概率的增大而减小，表明随着产品退货率的降低，体验渠道对在线零售商和制造商的价值逐渐减小；2）对于在线零售商而言，M 结构下体验渠道利润占比总是更高（相比 R 结构），结合命题5.5，可以知道，尽管 R 结构下体验渠道对在线零售商利润的促进作用更大，但体验渠道对在线零售商的利润贡献却不更大；（2）对于制造商而言，两种主导权结构下的利润占比相等，同样结合命题 5.5，在 M 结构下，制造商处于主导地位能够获得利润，但是否引入体验渠道仅由在线零售商决策，因而不同主导权下体验渠道对制造商的利润贡献相等。

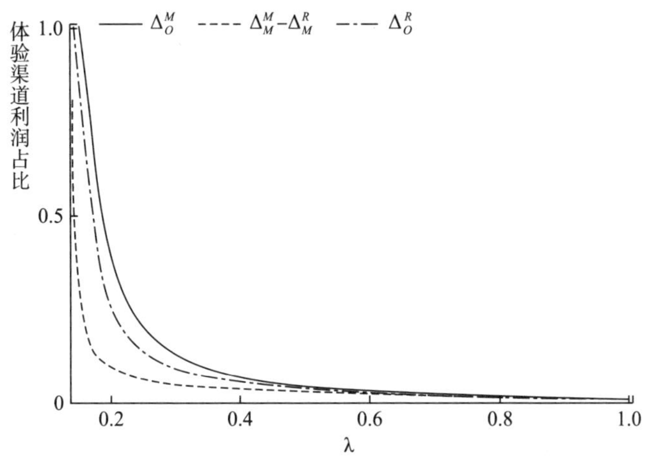

图 5－8　不同情形下的体验渠道利润占比

第六节　本章小结

本章研究了由一个制造商和一个在线零售商组成的供应链，基于不同供应链主导权，分别构建了单渠道策略和 O2O 渠道策略下的供应链博弈模型。通过模型求解，分析了退款保证、体验渠道的引入、不同主导权等因素对供应链均衡和消费者剩余的影响，主要结论和启示如下。

（1）在未引入体验渠道情形下，制造商设置的较低产品批发价格不一定会使在线零售商实施低价策略；在线零售商向消费者提供退款保证能够在一定程度上减少消费者关于产品是否符合其需求的不确定性，但消费者也可能需要为此支付一定的溢价。

（2）在不同主导权结构下，在线零售商引入体验渠道总是会使制造商实施高价策略，但此时更高的产品批发价格并不一定会导致在线零售商设置更高的产品零售价格，这取决于消费者退货给在线零售商带来的损失；体验渠道的引入能够吸引更多潜在消费者购买产品，制造商、在线零售商和供应链系统利润以及消费者剩余均能得到有效提升，并且当在线零售商（制造商）处于主导地位时，体验渠道对其价值更大。

（3）在单渠道策略和O2O渠道策略下，当供应链成员拥有供应链主导权时，总是会设置更高的产品批发价格或产品边际利润，并能够获得更多供应链利润份额；供应双方不平衡的主导权结构并不会导致供应链系统利润和消费者剩余的损失，仅导致利润在供应链系统内部的重新分配；当在线零售商拥有供应链主导权时，在线零售商引入体验渠道的动机更大。

越来越多的电商企业开辟线下体验店，通过购买前的产品体验来提高消费者购物体验，降低产品退货率。本书研究得到的结论为电商企业的O2O实践提供了决策参考，并通过对O2O环境下的上游制造企业决策和消费者购买行为分析给出了管理启示。但是，本书在对研究问题的探索上存在一定局限性。首先，本书考虑在线零售商仅与一个制造商进行合作，未来可进一步研究多个制造商竞争情形，这将有助于解决更多现实问题。其次，本书在考察消费者购买行为时仅考虑了退货因素，而影响消费者购买行为的因素还有产品配送时间、产品线上评论等，因而综合考虑更多消费者购买行为的影响因素将有助于得到新的启示。基于此，未来可进一步考虑更多现实因素来研究在线零售商 O2O 模式实施问题，得到更具有实践指导意义的结论。

第六章　在线零售商与体验店佣金契约设计

在第四章和第五章中，考察了不同影响因素下在线零售商的O2O渠道策略，即在线零售商自建线下体验店来展示产品。然而，在“线下体验，线上购买”O2O模式中，在线零售商往往还会与第三方体验店合作，共同来为消费者提供产品体验服务。例如，天猫商城入驻商家通过爱蜂潮家居体验馆展示其线上销售的产品，为消费者提供家居类产品体验；京东商城与新加坡iKnow集团合作，iKnow集团线下实体店展示京东商城线上销售的产品，供消费者体验。与此同时，随着消费水平的提高和消费观念的转变，消费者更加注重产品质量和服务，电商也开始由最初的“重商品数量”转向“重消费者体验”（Gallino and Moreno，2017），这使得“线下体验，线上购买”O2O模式在增强电商企业竞争力方面的优势愈加明显。但在电商企业与线下体验店合作过程中，电商企业往往难以观测到体验店体验服务努力水平，且体验店服务成本信息也为其私有信息，这使得线上与线下合作激励问题变得复杂。因此，如何设计有效的激励契约是线上到线下O2O供应链中亟待解决的问题，有效的激励契约对于确保和推动电商企业O2O模式的实施具有重要意义。

近年来，较多学者开始关注“线下体验，线上购买”O2O

模式对消费者购买行为和在线零售商产品需求的影响。其中，仅 Bell 等（2014）、Bell 等（2015）、Chopra（2016）考虑的是第三个独立体验店，Bell 等（2014）通过对男士服装电商 Bonobos 和眼镜电商 Warby Parker“线下体验 + 线上购买”O2O 模式的案例剖析，分析了线下体验渠道对产品信息披露、消费者品牌认知等方面的价值；Bell 等（2015）基于 Warby Parker“线下体验 + 线上购买”O2O 模式实证分析数据，研究了线下体验店的开辟对线上、线下消费者购买行为以及在线零售商产品需求的影响；Chopra（2016）则从成本的角度，分析了 Bonobos“线下体验，线上购买”O2O 模式对线上、线下渠道成本的影响。但上述文献均聚焦于开辟体验店对消费者购买行为的影响，或者消费者“线下体验，线上购买”行为对在线零售商绩效的影响。不同的是，本章从机制设计视角，考虑线上、线下利益主体之间存在信息不对称，研究线下到线上 O2O 供应链中在线零售商和线下体验店之间的合作激励问题。

鉴于此，本书以由在线零售商和第三方独立线下体验店构成的“线下体验，线上购买”O2O 模式为研究对象，考虑在线零售商在线上渠道销售产品，线下体验店为在线零售商产品提供线下体验服务，且服务成本信息不对称，研究逆向选择和道德风险并存情况下的在线零售商佣金契约设计问题。进而分析佣金契约性质及其对不同成本类型体验店的不同激励作用，考察不对称信息对佣金契约设计与 O2O 供应链系统及其各个参与者绩效的影响。与现有研究不同的是，本书从线上与线下合作视角，考虑“线下体验，线上购买”O2O 模式中存在信息不对称，研究在线零售商与线下体验店之间的激励问题以及 O2O 特征因素对最优决策的影响，以期为电商企业 O2O 实践提供理论和方法指导。

第一节　问题描述与模型假设

如图 6-1 所示，本书研究由一个在线零售商（O）和一个线下体验店（S）构成的线下到线上 O2O 供应链系统。其中，在线零售商通过线上渠道销售产品，体验店为在线零售商的产品提供线下体验服务，但不销售产品。在此情形下，消费者既可以选择直接在线上渠道购买产品，也可以选择先到体验店体验产品再决策是否购买。

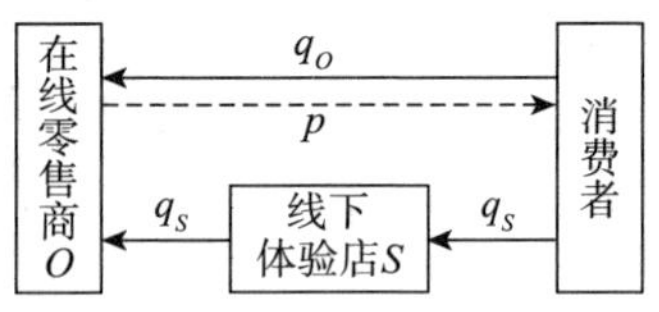

图 6-1　O2O 供应链结构

消费者在收到在线零售商配送的产品或在体验店体验实物前，对于产品是否符合其需求不确定，因此假定在线零售商产品符合消费者需求的概率为 λ（以下简称“匹配率”）（Gao and Su，2017）。当消费者选择直接在线上渠道购买产品时，若消费者收到的产品符合其需求，则获得效用 $v-p$，其中，v 为消费者对产品符合其需求时的支付意愿，p 为产品价格，是由市场确定的外生变量；若产品不符合消费者需求，消费者将选择退货，在线零售商给予消费者全额退款，但消费者需要承担退货成本 m（如退货的物流费用等）。故得到直接在线上渠道购买产品的消费者期望效用函数 $E(u_O)$ 为

$$E(u_O)=\lambda(v-p)-(1-\lambda)m \tag{6-1}$$

当消费者选择参观体验店时，不管是否购买均发生参观体验店的麻烦成本 h，且 h 服从区间 $[0,\ \bar{h}]$ 上的均匀分布（Xia et al.，2017）。若产品符合消费者需求，考虑体验店能够为消费者提供直观的产品展示、试用等服务，且通过销售人员产品使用介绍可降低消费者的学习成本，让消费者获得更多的产品使用价值等，因此在体验店体验产品的消费者能够获得额外的产品体验服务效用，即获得效用 $v-p+e$，其中，e 为体验店体验服务努力水平；若产品不符合消费者需求，体验服务对消费者不产生影响，消费者放弃购买。故得到参观体验店体验产品的消费者期望效用函数 $E(u_S)$ 为

$$E(u_S)=\lambda(v-p+e)-h \tag{6-2}$$

消费者将根据效用最大化原则选择购买方式。当 $h\leqslant h_{OS}=\lambda e+(1-\lambda)m$ 时，消费者将选择参观体验店；当 $h>h_{OS}$时，消费者将选择直接在线上渠道购买产品。并且，考虑市场上两种消费者均存在，故假设 $\bar{h}>h_{OS}$。从而可以得到，直接在线上渠道购买产品的消费者数量 q_O和参观体验店的消费者数量 q_S分别为

$$q_O=\int_{h_{os}}^{\bar{h}}\frac{1}{\bar{h}}\mathrm{d}h=\frac{1}{\bar{h}}[\bar{h}-\lambda e-(1-\lambda)m] \tag{6-3}$$

$$q_S=\int_{0}^{h_{os}}\frac{1}{\bar{h}}\mathrm{d}h=\frac{1}{\bar{h}}[\lambda e+(1-\lambda)m] \tag{6-4}$$

在在线零售商与体验店合作过程中，考虑体验店接待的消费者数量越多，体验店所要支出的人工成本、店铺维护成本等也越高，故假设体验店体验服务成本为 $C(e)=keq_S$，其中，k 为服务成本系数。因此有，$\partial C(e)/\partial e>0,\partial^2C(e)/\partial e^2>0$。同时，

体验店的体验服务努力水平及其服务成本均为其私有信息，在线零售商难以观测，故类似于 Li 等（2013）、Huang 等（2016）、金亮等（2018）关于二元分布的研究假设，假设体验店服务成本系数 k 存在两种可能：高成本（k_H）和低成本（k_L），$k_H > k_L$。在信息不对称下，在线零售商仅知晓体验店成本类型的先验概率，为使本研究聚焦于 O2O 特征，且不失一般性，假设在线零售商关于体验店为高成本类型或低成本类型的概率相等。在线零售商为激励体验店付出努力，提供佣金契约（α，β），其中，α 为固定支付，β 为佣金率，表示在线零售商给予体验店的收益共享比例。因此，在给定（α，β）下，在线零售商给予体验店的佣金支付为 $T=\alpha+\beta p\lambda q_S$，其中，$\lambda q_S$为参观体验店消费者中，产品符合消费者需求并购买产品的消费者数量。

依据上述模型假设，用 π_O 表示在线零售商的期望利润函数。当消费者发生退货时，考虑到在线零售商往往要求消费者退货的产品无损坏且不影响二次销售、消费者承担运费等原因（Gu and Tayi，2015），假定在线零售商退货成本为零。由此，可以得到在线零售商的利润函数 π_O 为

$$\pi_O(\alpha,\beta)=p[\lambda q_O(e)+\lambda q_S(e)]-c[q_O(e)+\lambda q_S(e)]-\alpha-\beta p\lambda q_S(e), \tag{6-5}$$

其中，c 为在线零售商单位产品销售成本，包括产品采购成本，线上销售的网络平台维护、网络咨询等成本；cq_O 为消费者直接在线上渠道购买产品时的在线零售商销售成本；$c\lambda q_S$ 为消费者参观体验店并购买产品时的在线零售商销售成本，其中数量为 $(1-\lambda)q_S$ 的消费者由于产品不符合其需求，放弃购买，在线零售商不产生销售成本。

体验店的期望利润 π_S 由佣金收入和服务成本支出两部分组成。由此，可以得到体验店的利润函数 π_S 为

$$\pi_S(e|\alpha,\beta) = \alpha + \beta p\lambda q_S(e) - keq_S(e) \tag{6-6}$$

表 6-1　符号定义与说明

符号	定义与说明
λ	产品符合消费者需求的概率，$0 < \lambda < 1$
v	消费者的支付意愿或对产品的估值，$v \sim U[0, 1]$
p	在线零售商决策的产品零售价格
m	消费者退货成本
e	体验店提供的体验服务努力水平
α	在线零售商支付给体验店的固定支付
β	在线零售商支付给体验店的佣金率
q_i	产品需求，$i = O$，S 分别表示消费者直接购买和体验产品情形
c	在线零售商的产品销售成本
k	体验店体验服务成本系数
$E(u)$	消费者购买产品获得的预期净效用
CS	消费者剩余
π_O	在线零售商获得的利润
π_S	体验店获得的利润
π_{SC}	O2O 供应链系统的利润

第二节　模型构建与求解

本书针对“线下体验，线上购买”O2O 供应链，研究信息不对称下的在线零售商与体验店合作激励问题。为便于比较，先考察对称信息的基准情形，即分析信息对称与不对称情形下

的在线零售商佣金契约设计。本书用字符"N"表示"对称信息"，用字符"A"表示"不对称信息"。

一　对称信息下的最优佣金契约设计

对称信息下，在线零售商完全了解体验店成本类型 $k_i(i=H,L)$。当体验店为 i 成本类型时，给定佣金契约（α_i，β_i），在线零售商面临以下优化问题：

$$\begin{cases}\max\limits_{\alpha_i,\beta_i}\pi_O(\alpha_i,\beta_i)=p[\lambda q_O(e_i^*)+\lambda q_S(e_i^*)]-c[q_O(e_i^*)+\\ \qquad\qquad\lambda q_S(e_i^*)]-\alpha_i-\beta_i p\lambda q_S(e_i^*)\\ \text{s. t. }\ (\text{IR})\pi_S(e_i^*\mid\alpha_i,\beta_i)\geqslant\overline{\pi}\\ \qquad\alpha_i\geqslant0,\beta_i\geqslant0,i=H,L\end{cases}\tag{6-7}$$

式中，

$$e_i^*=\underset{e_i\geqslant0}{\operatorname{argmax}}[\alpha_i+\beta_i p\lambda q_S(e_i)-k_i e q_S(e_i)]\tag{6-8}$$

在上述优化问题中，在线零售商以最大化期望利润为目标；约束式（IR）为体验店个体理性约束，表示体验店的期望利润不能低于其保留收益 $\overline{\pi}$；式（6-8）表示体验店以自身利益最大化决策服务努力水平。采用逆向归纳法求解优化问题，得到定理6.1。

定理6.1　在对称信息下，给定体验店类型 $i(i=H,L)$，在线零售商设计的最优佣金契约（$\alpha_i^{N^*}$，$\beta_i^{N^*}$）为

（1）当 $k=k_H$ 时，$\alpha_H^{N^*}=\overline{\pi}-\dfrac{[\lambda G+(1-\lambda)m\overline{h}k_H]^2}{4\lambda k_H\overline{h}^3}$，$\beta_H^{N^*}=\dfrac{G+c}{\lambda p\overline{h}}$；

（2）当 $k=k_L$ 时，$\alpha_L^{N^*}=\overline{\pi}-\dfrac{[\lambda G+(1-\lambda)m\overline{h}k_L]^2}{4\lambda k_L\overline{h}^3}$，$\beta_L^{N^*}=\dfrac{G+c}{\lambda p\overline{h}}$。

其中，$G=\lambda[(p-c)\overline{h}-p]+c$。

采用 KT 方法，并由逆向归纳法分两个步骤求解。

步骤 1：在给定（α_i，β_i）下，求解体验店的反应函数 e_i^*。根据 π_{Si}，可得$\partial^2\pi_{Si}/\partial(e_i)^2=-\lambda k_i/2\overline{h}<0$，故 π_{Si}为关于 e_i的凹函数。由此，可求得 i 成本类型体验店最优体验服务努力水平为

$$e_i^{N^*}=\frac{\lambda^2\beta_i p-(1-\lambda)mk_i}{2\lambda k_i}$$

步骤 2：求解在线零售商佣金契约设计，将 e_i^* 代入式（6－7）。易知，在线零售商的目标函数 π_{Oi}为关于 α_i的一次函数，关于 β_i的二次函数，且$\partial^2\pi_{Oi}/\partial(\beta_i)^2=-p^2\lambda^3/\overline{h}k_i<0$。因此，在约束式（IR）下，存在角点解 $\alpha_i^{N^*}$ 和内点解 $\beta_i^{N^*}$，即存在唯一最优解。构建 Lagrange 函数：

$$L(\alpha_i,\beta_i;\chi)=\pi_O(\alpha_i,\beta_i)+\chi[\pi_S(e_i^*\mid\alpha_i,\beta_i)-\overline{\pi}]$$

对 $L(\alpha_i,\beta_i;\chi)$ 分别求解各个参数的一阶偏导数，可以得到 Kuhn-Tucker 条件：

$$\frac{\partial L}{\partial\alpha_i}=\frac{\partial L}{\partial\beta_i}=0,\frac{\partial L}{\partial\chi}\geqslant 0,\chi\geqslant 0\text{ 且 }\chi\frac{\partial L}{\partial\chi}=0,i=H\text{ or }L$$

联立求得唯一一组解（$\alpha_i^{N^*}$，$\beta_i^{N^*}$），并分别将其代入式（6－5）、式（6－6）可得 $\pi_{Oi}^{N^*}$、$\pi_{Si}^{N^*}$。

定理 6.1 给出了对称信息下的在线零售商最优佣金契约设计。容易看出，$\beta_i^{N^*}$ 与体验店服务成本系数（k_i）无关。当匹配率

(λ)较低时，在线零售商将给予体验店较大的佣金率（$\partial\beta_i^{N^*}/\partial\lambda<0$），以激励体验店提供更高的体验服务努力水平。将（$\alpha_i^{N^*}$，$\beta_i^{N^*}$）和 $e_i^{N^*}$ 分别代入在线零售商、体验店的期望利润函数，可得当体验店为 i 成本类型时，在线零售商和体验店获得的期望利润分别为 $\pi_{Oi}^{N^*}$、$\pi_{Si}^{N^*}$。

二　不对称信息下的最优佣金契约设计

对称信息为理性情形。现实中，在线零售商往往难以观测到体验店的体验服务努力水平以及服务成本信息。因此，在不对称信息下，当体验店为 i 成本类型时，给定佣金契约（α_i，β_i）（$i=H$，L），在线零售商面临以下优化问题：

$$\begin{cases}\max\limits_{\alpha_H,\beta_H,\alpha_L,\beta_L}\pi_O=\dfrac{1}{2}\pi_O(\alpha_H,\beta_H)+\dfrac{1}{2}\pi_O(\alpha_L,\beta_L)\\ \text{s. t. }(\mathrm{IC-H})\pi_S(e_H^*\mid\alpha_H,\beta_H)\geqslant\pi_S(e_H^*\mid\alpha_L,\beta_L)\\ \qquad(\mathrm{IC-L})\pi_S(e_L^*\mid\alpha_L,\beta_L)\geqslant\pi_S(e_L^*\mid\alpha_H,\beta_H)\\ \qquad(\mathrm{IR-H})\pi_S(e_H^*\mid\alpha_H,\beta_H)\geqslant\overline{\pi}\\ \qquad(\mathrm{IR-L})\pi_S(e_L^*\mid\alpha_L,\beta_L)\geqslant\overline{\pi}\\ \qquad\alpha_i\geqslant0,\beta_i\geqslant0,i=H,L\end{cases}\tag{6-9}$$

式中，

$$e_i^*=\underset{e_i\geqslant0}{\mathrm{argmax}}[\alpha_i+\beta_ip\lambda q_S(e_i)-k_ie_iq_S(e_i)]\tag{6-10}$$

在上述优化问题中，由于在线零售商仅知晓体验店类型的先验概率，目标函数为分别与两种类型体验店合作所得利润的期望。约束式（IC－i）为激励相容约束，以保证 i 成本类型体验店没有动机偏离在线零售商为其提供的佣金契约，其中 π_S

$(e_H^* | \alpha_L, \beta_L)$ 和 $\pi_S(e_L^* | \alpha_H, \beta_H)$ 分别表示体验店谎报时所得的期望利润，即高（低）类型体验店选择契约 (α_L, β_L) [(α_H, β_H)] 时获得的期望利润。约束式（IR－i）为体验店个体理性约束，表示 i 成本类型体验店参与合作时获得的收益不能低于其保留收益水平（$\overline{\pi}$）；式（6－10）表示体验店以自身利益最大化决策服务努力水平。采用逆向归纳法求解上述优化问题，得到定理 6.2。

定理 6.2　在不对称信息下，在线零售商通过设计分离契约揭示体验店的成本类型信息，可以得到最优佣金契约（$\alpha_i^{A^*}$，$\beta_i^{A^*}$）（$i=H$，L）满足以下条件：

（1）当 $k=k_H$时，

$$\alpha_H^{A^*} = \overline{\pi} - \frac{[\lambda^2 \beta_H^{A^*} p + (1-\lambda) m k_H]^2}{4\lambda \overline{h} k_H},$$

$$\beta_H^{A^*} = \frac{\{\lambda[(p-c)\overline{h} - p] + c\} k_L}{\lambda p \overline{h} k_H};$$

（2）当 $k=k_L$时，

$$\alpha_L^{A^*} = \alpha_H^{A^*} + \frac{\lambda p(\beta_H^{A^*} - \beta_L^{A^*})[2(1-\lambda) m k_L + (\beta_H^{A^*} + \beta_L^{A^*})\lambda^2 p]}{4\overline{h} k_L},$$

$$\beta_L^{A^*} = \frac{\lambda[(p-c)\overline{h} - p] + c}{\lambda p \overline{h}}。$$

证明：见附录。采用 KT 方法，并由逆向归纳法分两个步骤求解。

步骤 1：给定（α_i，β_i），求解体验店的反应函数 e_i^*。与定理 6.1 步骤 1 证明过程类似，易得

$$e_i^* = \frac{\lambda^2 \beta_i p - (1-\lambda) m k_i}{2\lambda k_i}$$

步骤2：求解在线零售商佣金契约设计，将 $e_i^{A^*}$ 代入式（6－9）。容易验证，在约束式（IR－i）下，存在角点解 $\alpha_i^{A^*}$ 和内点解 $\beta_i^{A^*}$。并且，由 e_i^* 可得 $\lambda^2\beta_i^A p>(1-\lambda)mk_i$，进而可知 $\beta_H{}^2p^2\lambda^4-(1-\lambda)^2m^2k_Hk_L>0$，因此存在 $\pi_S(e_L^*|\alpha_H,\beta_H)-\pi_S(e_H^*|\alpha_H,\beta_H)>0$，进而联立约束式（IC－L）和约束式（IR－H），容易得到 $\pi_S(e_L^*|\alpha_L,\beta_L)>\pi_S(e_H^*|\alpha_H,\beta_H)\geqslant\overline{\pi}$，故约束式（IR－L）总是成立，可忽略。构建 Lagrange 函数：

$$L(\alpha_i,\beta_i;\chi_j)=\frac{1}{2}[\pi_O(\alpha_H,\beta_H)+\pi_O(\alpha_L,\beta_L)]+\chi_1[\pi_S(e_H^*|\alpha_H,\beta_H)-\pi_S(e_H^*|\alpha_L,\beta_L)]+\chi_2[\pi_S(e_L^*|\alpha_L,\beta_L)-\pi_S(e_L^*|\alpha_H,\beta_H)]+\chi_3[\pi_S(e_H^*|\alpha_H,\beta_H)-\overline{\pi}]$$

$i=H$ or L，$j=1$，2，3，从而可以得到 Kuhn-Tucker 条件：

$$\frac{\partial L}{\partial\alpha_i}=\frac{\partial L}{\partial\beta_i}=0,\frac{\partial L}{\partial\chi_j}\geqslant0,\chi_j\geqslant0\text{ 且 }\chi_j\frac{\partial L}{\partial\chi_j}=0$$

联立求解得到3组解，其中仅1组解满足非负条件：当 $\chi_1=0$，$\chi_2\neq0$，$\chi_3\neq0$ 时，得到解（$\alpha_H^{A^*}$，$\beta_H^{A^*}$）和（$\alpha_L^{A^*}$，$\beta_L^{A^*}$），并分别将其代入式（6－5）、式（6－6）可得 $\pi_{Oi}^{A^*}$、$\pi_{Si}^{A^*}$。

比较分析定理6.2给出的最优佣金契约，可以发现，仅 $\beta_L^{A^*}$ 与体验店服务成本系数（k_i）无关，$\beta_H^{A^*}$ 会随 k_H 的增大而减小。而对于固定支付，由于需要补偿体验店服务成本支出，故总是与 k_i 相关。进一步分析还可以发现，当匹配率（λ）或消费者退货成本（m）发生变化时，在线零售商将调整佣金契约参数。其中，匹配率会抵消佣金率对体验店努力付出的激励作用（$\partial\beta_i^{A^*}/\partial\lambda<0$），而匹配率对固定支付的影响取决于体验店的服务成本系数；消费者退货成本仅对固定支付产生影响，并且，

消费者退货成本越高，在线零售商给予体验店的固定支付越小（$\partial\alpha_i^{A^*}/\partial m<0$），这是因为此时体验店获得的收益共享部分（即佣金率部分收入）增加，在线零售商适当地降低固定支付即可弥补体验店服务成本支出并达到其保留收益水平。

最后，体验店根据其成本类型选择佣金契约和决策其最优的体验服务努力水平 $e_i^{A^*}$。此时，在 i 成本类型体验店下，在线零售商和体验店获得的期望利润函数分别为 $\pi_{Oi}^{A^*}$、$\pi_{Si}^{A^*}$。

推论 6.1　针对不同成本类型体验店，最优佣金契约参数之间存在关系：$\alpha_H^{A^*}>\alpha_L^{A^*}$，$\beta_H^{A^*}<\beta_L^{A^*}$。

证明：根据定理 6.2，直接比较不同情形下的佣金契约，即可得，略。

推论 6.1 表明，针对不同成本类型的体验店，在线零售商设计佣金契约的激励目的不同。这意味着在线零售商在设计佣金契约时，需要权衡对体验店的参与合作积极性激励与提供更高的体验服务努力水平激励。若体验店为高成本类型，在线零售商将给予体验店较大的固定支付（$\alpha_H^{A^*}>\alpha_L^{A^*}$），以保证体验店能够参与合作；若体验店为低成本类型，在线零售商将给予体验店较高的佣金率（$\beta_H^{A^*}<\beta_L^{A^*}$），这表明在线零售商侧重于激励低成本类型体验店提供更高的服务努力水平。

命题 6.1　体验店体验服务努力水平决策受到如下因素的影响：

（1）$\dfrac{\partial e_i^{A^*}}{\partial\beta_i^A}>0$，$\dfrac{\partial e_i^{A^*}}{\partial m}<0$（$i=H，L$）；当 $k_i>\dfrac{\lambda^2 p}{1-\lambda}$ 时，$\left|\dfrac{\partial e_i^{A^*}}{\partial m}\right|>\left|\dfrac{\partial e_i^{A^*}}{\partial\beta_i^A}\right|$；

（2）$\frac{\partial^2 e_i^{A^*}}{\partial \beta_i^A \partial \lambda} > 0$，$\frac{\partial^2 e_i^{A^*}}{\partial m \partial \lambda} > 0$。

证明：依据定理 6.2 证明的步骤 1，求解 $e_i^{A^*}$ 分别关于 β_i^A 和 m 的一阶偏导数，可得：

$$\frac{\partial e_i^{A^*}}{\partial \beta_i^A} = \frac{\lambda p}{2k_i} > 0, \frac{\partial e_i^{A^*}}{\partial m} = -\frac{1-\lambda}{2\lambda} < 0$$

因此，容易知道，当 $k_i > \frac{\lambda^2 p}{1-\lambda}$时，$\left|\frac{\partial e_i^{A^*}}{\partial m}\right| - \left|\frac{\partial e_i^{A^*}}{\partial \beta_i^A}\right| > 0$。

然后，根据$\frac{\partial e_i^{A^*}}{\partial \beta_i^A}$和$\frac{\partial e_i^{A^*}}{\partial m}$，可以求得：$\frac{\partial^2 e_i^{A^*}}{\partial \beta_i^A \partial \lambda} = \frac{p}{2k_i} > 0$，$\frac{\partial^2 e_i^{A^*}}{\partial m \partial \lambda} = \frac{1}{2\lambda^2} > 0$。

命题 6.1 比较分析了佣金率与消费者退货成本对体验店体验服务努力水平决策的影响。结果表明，佣金率作为激励体验店努力付出的契约参数，体验服务努力水平与佣金率大小呈正相关；而消费者退货成本越高，体验服务努力水平越低，这是因为随着消费者退货成本的升高，参观体验店的消费者数量会增加，体验店道德风险的存在使得较低的努力水平也能达到其最优状态，故体验店将降低其体验服务努力水平。并且，当体验店服务成本系数超过某一阈值时，消费者退货成本对体验店努力付出的负效应将会大于佣金率对体验店的激励作用。这意味着，较低的消费者退货成本能够提高佣金率对体验店的激励作用，即在一定的佣金率下，体验店提供更高的体验服务努力水平。此外，命题 6.1 还揭示了匹配率也会抑制佣金率和消费者退货成本对体验店体验服务努力水平的不利影响。

第三节　契约有效性与信息价值分析

本节将首先分析在线零售商佣金契约设计的有效性，然后通过比较分析信息对称与不对称情形下的最优佣金契约、在线零售商与体验店期望利润，考察不对称信息对佣金契约与O2O供应链各个参与者绩效的影响。

一　佣金契约设计有效性分析

依据定理6.2，将（$\alpha_i^{A^*}$，$\beta_i^{A^*}$）、$e_i^{A^*}$（$i=H$，L）分别代入式（6-9）激励相容约束中的 $\pi_S(e_H^* \mid \alpha_L, \beta_L)$ 和 $\pi_S(e_L^* \mid \alpha_H, \beta_H)$，可以得到高、低成本类型体验店谎报时获得的期望利润 $\pi_S(e_H^* \mid \alpha_L^{A^*}, \beta_L^{A^*})$、$\pi_S(e_L^* \mid \alpha_H^{A^*}, \beta_H^{A^*})$ 分别为

$$\pi_S(e_H^* \mid \alpha_L^{A^*}, \beta_L^{A^*}) = \overline{\pi} - \frac{\lambda(k_H + k_L)(k_H - k_L)^2\{[(p-c)\overline{h} - p]\lambda + c\}^2}{4\overline{h}^3 k_H^3 k_L} \tag{6-11}$$

$$\pi_{SL}(\alpha_H^{A^*}, \beta_H^{A^*}) = \overline{\pi} + \frac{(k_H - k_L)[\lambda^2 k_L D_1 - (1-\lambda)^2 m^2 \overline{h}^2 k_H^3]}{4\lambda \overline{h}^3 k_H^3}$$

$$D_1 = \{\lambda^2[(p-c)\overline{h} - p] + c\}^2 \tag{6-12}$$

将式（6-11）、式（6-12）与体验店如实选择佣金契约时获得的期望利润函数 $\pi_{Si}(\alpha_i^{A^*}, \beta_i^{A^*})$ 进行比较，可以得到：

$$\pi_{SH}^{A^*} - \pi_S(e_H^* \mid \alpha_L^{A^*}, \beta_L^{A^*}) = \frac{\lambda(k_H + k_L)(k_H - k_L)^2\{\lambda[(p-c)\overline{h} - p] + c\}^2}{4\overline{h}^3 k_H^3 k_L} > 0 \tag{6-13}$$

$$\pi_{SL}^{A^*} - \pi_S(e_L^* \mid \alpha_H^{A^*}, \beta_H^{A^*}) = 0 \tag{6-14}$$

由式（6－13）可知，当高成本类型体验店谎报为低成本类型体验店时，获得的收益要低于其如实选择佣金契约时获得的收益 [$\pi_S(e_H^*|\alpha_L^{A^*},\beta_L^{A^*})<\pi_{SH}^{A^*}$]，故高成本类型体验店没有谎报动机；由式（6－14）可知，若体验店为低成本类型，其谎报与否并不会影响其收益 [$\pi_{SL}^{A^*}=\pi_S(e_L^*|\alpha_H^{A^*},\beta_H^{A^*})$]，故低成本类型体验店也没有谎报动机。因此，在线零售商给出的分离佣金契约具有“自我选择”特性——高、低成本类型体验店均能选择与其成本类型相对应的佣金契约。

推论 6.2 分析不同成本类型体验店的期望利润与其保留收益之间的关系，可以得到：$\pi_{SH}^{A^*}=\overline{\pi}$，$\pi_{SL}^{A^*}>\overline{\pi}$。

证明：在不同情形下，分析体验店的利润函数，即可得，略。

推论 6.2 表明，当体验店为高成本类型时，体验店接受佣金契约后得到的收益仅为其保留收益；若体验店为低成本类型，体验店接受佣金契约获得的收益将大于其保留收益。这一差值（$\pi_{SL}^{A^*}-\overline{\pi}$）可以看作在线零售商为了得到真实体验店服务能力信息（即服务成本系数 k_L）需要支付给体验店的“信息共享费”，如果在线零售商不支付该费用，体验店可能谎报其服务能力信息进而损害在线零售商的期望利润。

二 信息价值分析

在上述中，知道了不对称信息的存在会影响在线零售商和体验店的决策及利润，本部分将依据定理 6.1 和定理 6.2，比较分析信息对称和不对称下的最优佣金契约参数、各个企业利润，来进一步考察。

命题 6.2 信息对称与不对称下的最优佣金契约参数之间存在如下关系：

（1）$\alpha_H^{A^*} > \alpha_H^{N^*}$，$\beta_H^{A^*} < \beta_H^{N^*}$；

（2）$\alpha_L^{A^*} > \alpha_L^{N^*}$，$\beta_L^{A^*} = \beta_L^{N^*}$。

证明：直接比较（$\alpha_i^{N^*}$，$\beta_i^{N^*}$）与（$\alpha_i^{A^*}$，$\beta_i^{A^*}$），可以得到

$$\beta_H^{A^*} - \beta_H^{N^*} = -\frac{(k_H - k_L)\{\lambda[(p-c)\bar{h} - p] + c\}}{\lambda p\bar{h}k_H} < 0,$$

$$\alpha_H^{A^*} - \alpha_H^{N^*} = \frac{(k_H - k_L)\{\lambda[(p-c)\bar{h} - p] + c\}D_2}{4k_H^3\bar{h}^3} > 0,$$

$$\alpha_L^{A^*} - \alpha_L^{N^*} = \frac{(k_H - k_L)D_3}{4\lambda\bar{h}^3k_H^3}$$

其中，$D_2 = \lambda(k_H + k_L)\{\lambda[(p-c)\bar{h} - p] + c\} + 2(1-\lambda)m\bar{h}k_H^2$，$D_3 = \lambda^2k_L\{\lambda[(p-c)\bar{h} - p] + c\}^2 - (1-\lambda)^2m^2\bar{h}^2k_H^3$。

联立 $e_H^{A^*} > 0$，可以知道，$\alpha_L^{A^*} - \alpha_L^{N^*} > 0$，$\beta_L^{A^*} - \beta_L^{N^*} = 0$。

命题 6.2 表明，在不对称信息下，在线零售商总是要投入更高的固定支付来调动体验店参与合作的积极性。其中，若体验店为高成本类型，在线零售商则缺乏动机去激励体验店提供更高的体验服务努力水平，佣金率“向下扭曲”，此时“向上扭曲”的固定支付（$\alpha_H^{A^*} > \alpha_H^{N^*}$）仅为弥补体验店的服务成本支出；若体验店为低成本类型，在线零售商将设置更高的佣金率来激励体验店提供更高的体验服务努力水平，且能达到对称信息下的最优值，即呈现“低端不扭曲”特性，此时体验店依靠“向上扭曲”的固定支付（$\alpha_L^{A^*} > \alpha_L^{N^*}$）能够获得额外的信息租金。这也意味着，由于不对称信息的存在，在线零售商佣金契约设计需要调整固定支付和佣金率，以保证体验店能够参与合作并选择对在线零售商有利的体验服务努力水平，其中，在线零售商对高成本类型体验店参与合作积极性的激励占主导，对低成本类型体验店

则将同时提供参与合作积极性激励与努力付出激励。

本部分将分析不对称信息对在线零售商、体验店以及 O2O 供应链系统绩效的影响。为简化表达，先定义：$\Delta\pi_{Oi}^{I}=\pi_{Oi}^{A^*}-\pi_{Oi}^{N^*}$、$\Delta\pi_{Si}^{I}=\pi_{Si}^{A^*}-\pi_{Si}^{N^*}$、$\Delta\pi_{i}^{I}=\Delta\pi_{Oi}^{I}+\Delta\pi_{Si}^{I}$分别表示当体验店为 i $(i=H, L)$ 成本类型时，信息对称与不对称情形下的在线零售商、体验店及 O2O 供应链系统绩效之差。

命题 6.3 分析不对称信息对在线零售商、体验店以及 O2O 供应链系统绩效的影响，可以得到：

(1) $\Delta\pi_{Oi}^{I}<0$，$\Delta\pi_{Si}^{I}\geqslant 0$；

(2) $\Delta\pi_{i}^{I}\leqslant 0$。

证明：比较两种情形下的在线零售商期望利润，可以得到

$$\Delta\pi_{OH}^{I}=-\frac{\lambda(k_H-k_L)^2(G+c)^2}{4\bar{h}^3k_H^3}<0,$$

$$\Delta\pi_{OL}^{I}=-\frac{(k_H-k_L)[\lambda^2k_LG^2-(1-\lambda)^2m^2\bar{h}^2k_H^3]}{4\lambda\bar{h}^3k_H^3}<0$$

根据上式，容易知道，$\Delta\pi_{SH}^{I}=0$，$\Delta\pi_{SL}^{I}=-\Delta\pi_{OL}^{I}>0$。

依据上述分析，若体验店为高成本类型，则有 $\Delta\pi_{H}^{I}=\Delta\pi_{OH}^{I}>0$；若体验店为低成本类型，则有 $\Delta\pi_{L}^{I}=\Delta\pi_{SL}^{I}+\Delta\pi_{OL}^{I}=0$。

命题 6.3 表明，在线零售商的信息劣势总是对其不利，而体验店的信息优势并不总是产生信息租金。当体验店为高成本类型时，不对称信息的存在使得固定支付与佣金率呈现相反的扭曲方向，故在线零售商信息劣势对其造成的影响取决于二者的扭曲程度，可以验证，在线零售商固定支付支出的增量大于收益共享部分的节约量$[|\alpha_H^{A^*}-\alpha_H^{N^*}|>|\beta_H^{A^*}p\lambda q_S(e_H^{A^*})-\beta_H^{N^*}p\lambda q_S(e_H^{N^*})|]$，造成在线零售商绩效损失（$\Delta\pi_{OH}^{I}<0$）；此时，对于体验店而言，尽管获

得的佣金收入增加，但增加的服务成本正好抵消增加的佣金收入，故高成本类型体验店并未获得额外的信息租金（$\Delta\pi_{SH}^{I}=0$）。当体验店为低成本类型时，"向上扭曲"的固定支付与"低端不扭曲"的佣金率使得在线零售商需要支付更多佣金，造成在线零售商绩效损失（$\Delta\pi_{OL}^{I}<0$）；但低成本类型体验店却能够从"向上扭曲"的固定支付中获得额外的信息租金（$\Delta\pi_{SL}^{I}>0$）。

此外，根据命题6.3，还可以发现，不对称信息的存在不一定会对O2O供应链系统绩效造成损失。其中，在由在线零售商与高成本类型体验店构成的O2O供应链中，由于在线零售商的信息劣势会导致其绩效损失，而体验店的信息优势却并未为其带来额外收益，故O2O供应链系统绩效损失（$\Delta\pi_{H}^{I}<0$），并且，O2O供应链绩效损失即为在线零售商的损失（$|\Delta\pi_{H}^{I}|=|\Delta\pi_{OH}^{I}|$）。当体验店为低成本类型时，不对称信息的存在对在线零售商和体验店绩效的影响相反，且存在关系$|\Delta\pi_{OL}^{I}|=|\Delta\pi_{SL}^{I}|$，故不对称信息的存在并不会对O2O供应链系统造成损失。这表明，当体验店提供体验服务的成本较高时，在线零售商不会给予体验店"信息共享费"，体验店仅获得其最低的保留收益。而在由在线零售商与低成本类型体验店构成的O2O供应链系统中，在线零售商通过给予体验店"信息共享费"，激励体验店披露信息，从而使O2O供应链整体绩效达到最优。这也意味着在由在线零售商与低成本类型体验店构成的O2O供应链系统中，不对称信息的存在仅导致利益在O2O供应链内部的重新分配，部分收益从信息劣势一方转移到具有信息优势的一方。

在本书研究的线下到线上O2O供应链中，考虑在在线零售商与体验店的长期合作中，体验店往往具有一定的谈判力，故假设体验店的谈判力为ϑ，则在线零售商的谈判力为$1-\vartheta$。下面将从谈判的角度来进一步讨论信息价值。为简化表达，先定义：

$$\underline{\vartheta}=\frac{4\lambda\ \overline{\pi}k_H\overline{h}^3}{(\gamma_1-\gamma_2)^2-4\lambda k_H\overline{h}^3(\lambda p-c)},\overline{\vartheta}=1-\frac{(\gamma_1 k_H-\gamma_2)^2-\lambda^2\gamma_2{}^2(k_H-k_L)^2+4\lambda\ \overline{h}^3k_H^3[(\lambda p-c)-\overline{\pi}]}{(\gamma_1-\gamma_2)^2k_H^2+4\lambda\ \overline{h}^3k_H^3(\lambda p-c)}$$

其中，$\gamma_1=(1-\lambda)\overline{h}mk_H,\gamma_2=\lambda[\lambda p-c-\lambda\ \overline{h}(p-c)]$。

命题 6.4 （1）当体验店为高成本类型时，若体验店的谈判力满足条件 $\underline{\vartheta}<\vartheta<\overline{\vartheta}$，则具有信息优势的体验店会愿意与在线零售商进行谈判而自愿披露其拥有的私有信息，从而与在线零售商共享整个 O2O 供应链的利润；（2）当体验店为低成本类型时，在线零售商通过支付“信息共享费”即可实现供应链系统利润最优，因而体验店总是不会与在线零售商进行谈判。

证明：当体验店为高成本类型时，假设体验店自愿披露其拥有的私有信息，而在线零售商也愿意与其进行谈判，O2O 供应链系统利润将实现对称信息下的最优水平。由此，可以得到体验店与在线零售商达成谈判所需满足的条件为：其一，体验店谈判所得利润需满足 $\vartheta(\pi_{OH}^{N^*}+\pi_{SH}^{N^*})>\pi_{SH}^{A^*}$，因而可求得 $\vartheta>\underline{\vartheta}$；其二，在线零售商谈判所得利润需满足$(1-\vartheta)(\pi_{OH}^{N^*}+\pi_{SH}^{N^*})>\pi_{OH}^{A^*}$，因而可求得 $\vartheta<\overline{\vartheta}$。并且，依据市场上两种消费者均存在的条件 $\overline{h}>h_{OS}$，可以验证，$\underline{\vartheta}<\overline{\vartheta}$，因而可得在线零售商与体验店达成信息共享谈判的条件为 $\underline{\vartheta}<\vartheta<\overline{\vartheta}$。

命题 6.4 表明，在不同市场条件下，O2O 供应链成员并不一定能够达成信息共享谈判。针对在线零售商设计的一组契约菜单，当体验店为低成本类型时，体验店的信息优势体现在可以选择针对高类型的佣金契约来获取利润。此时，为激励体验店根据其真实的成本类型如实选择佣金契约，在线零售商需要向体验店支付等量的信息租金作为“信息共享费”，因而在线零售商与体验店之间不能达成信息共享谈判。当体验店为高成本类型时，在线零售商通过权衡体验店信息租金和供应链系统损失，可以使体验店不能获得额外的信息租金，因此体验店总是愿意与在线零售商进行谈判。并且，仅当高成本类型体验店的谈判力满足条件 $\underline{\vartheta} < \vartheta < \overline{\vartheta}$ 时，二者才能达成谈判，使 O2O 供应链系统期望利润能够达到最优水平（对称信息下的值）。

第四节　算例分析

下面通过数值算例直观考察上述理论分析结果，以得到更多管理学启示。设置参数：$p = 2$，$c = 1$，$m = 0.1$，$\overline{\pi} = 0.2$。为考察 λ 和 k_i 两个参数对佣金契约、在线零售商和体验店绩效的联合影响，取 $\lambda = (0.55, 0.75, 0.95)$ 分别刻画匹配率偏低、适中和偏高等三种情形。

一　佣金契约参数分析

为分析匹配率（λ）和体验店服务成本系数（k_i）对佣金契约的影响，以 k_i 为横坐标［取 $k_i = 0.5$，即当 $k_L = 0.5$ 时，取 $k_H \in (0.5, 1)$；当 $k_H = 0.5$ 时，取 $k_L \in (0.2, 0.5)$］，分别绘制基准情形与不对称信息情形下的最优固定支付 $\alpha_i^{j^*}$ 和最优佣金率 $\beta_i^{j^*}$（$i = H$ or L，$j = N, A$）影响曲线，得到图 6－2 和图 6－3。

观察图 6－2 可以有如下发现。(1) 在不同情形下，固定支付 $\alpha_i^{j^*}$ 总是会随 k_i 增大而增大，且总有 $\alpha_i^{A^*} > \alpha_i^{N^*}$，表明在不对称信

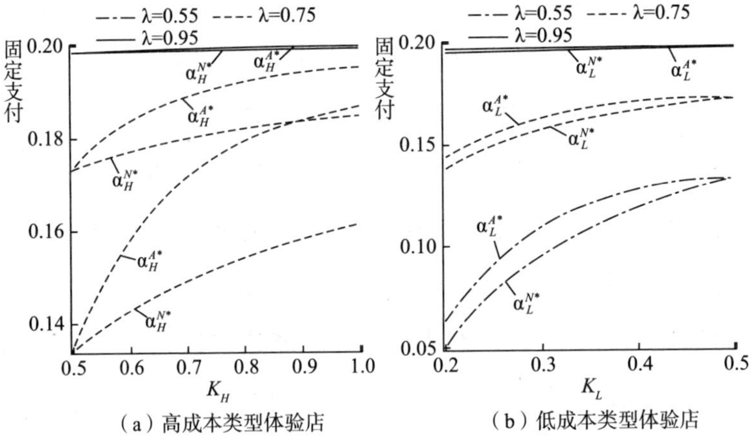

图 6-2　不同 λ 和 k_i 下的固定支付

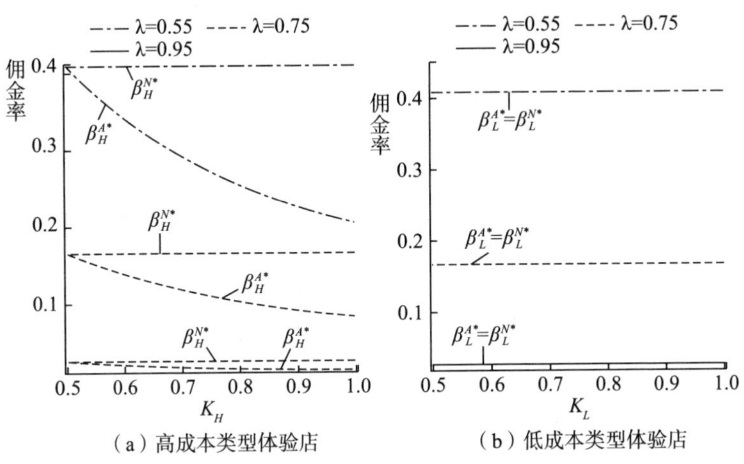

图 6-3　不同 λ 和 k_i 下的佣金率

息下，在线零售商需要给予体验店更大的参与合作积极性激励。(2) 不管体验店为何种成本类型，$\alpha_i^{j^*}$ 总是会随 λ 增大而增大。当 λ 取不同的值时，不对称信息对固定支付的影响（$|\alpha_i^{A^*}-\alpha_i^{N^*}|$）总是会随高、低成本类型体验店服务成本系数之差（$|k_H-k_L|$）的增大而增大，表明市场上不同成本类型体验店间的差别越小，不对称信息对固定支付“向上扭曲”的影响越小。(3) 还能看

到，随着 λ 的增大，曲线 $\alpha_i^{A^*}$ 与 $\alpha_i^{N^*}$ 的间距逐渐缩小，表明 λ 能够缓解不对称信息对固定支付“向上扭曲”的影响。

观察图 6－3 可以有如下发现。(1) 佣金率 $\beta_i^{N^*}$、$\beta_L^{A^*}$ 均与 k_i 无关；$\beta_H^{A^*}$ 总是会随 k_H 增大而减小，且总有 $\beta_H^{A^*} < \beta_H^{N^*}$、$\beta_L^{A^*} = \beta_L^{N^*}$，表明不对称信息的存在并不会影响在线零售商给予低成本类型体验店的佣金率，但在线零售商会降低给予高成本类型体验店的佣金率。(2) 在不同情形下，$\beta_i^{j^*}$ 总是会随 λ 增大而减小，表明 λ 会抵消 $\beta_i^{j^*}$ 对体验店提供更高体验服务努力水平的激励作用。(3) 还能从图 6－3 (a) 看到，随着 λ 的增大，曲线 $\beta_H^{A^*}$ 与 $\beta_H^{N^*}$ 的间距逐渐缩小，表明 λ 能够缓解不对称信息对佣金率“向下扭曲”的影响。而随着 k_H 的增大，曲线 $\beta_H^{A^*}$ 与 $\beta_H^{N^*}$ 的间距逐渐增大，表明 k_H 会加剧不对称信息对佣金率“向下扭曲”的影响。

二　绩效分析

为分析匹配率 (λ) 和体验店服务成本系数 (k_i) 对在线零售商、体验店绩效的影响，以 k_i 为横坐标，分别绘制信息对称与不对称情形下的在线零售商、体验店绩效之差（信息价值）$\Delta\pi_{Oi}^I$、$\Delta\pi_{Si}^I$ 影响曲线，得到图 6－4。

观察图 6－4 可以有如下发现。(1) 不管体验店为何种成本类型，总是有 $\Delta\pi_{Oi}^I < 0$，表明不对称信息的存在总是导致在线零售商绩效损失。$\Delta\pi_{SH}^I = 0$ 和 $\Delta\pi_{SL}^I > 0$ 表明仅低成本类型体验店能够获得额外的信息租金；并且，$\Delta\pi_{SL}^I$ 曲线与 $\Delta\pi_{OL}^I$ 曲线关于信息价值为 0 直线对称［如图 6－4 (b)］，表明在由在线零售商和低成本类型体验店构成的 O2O 供应链中，不对称信息的存在使得部分

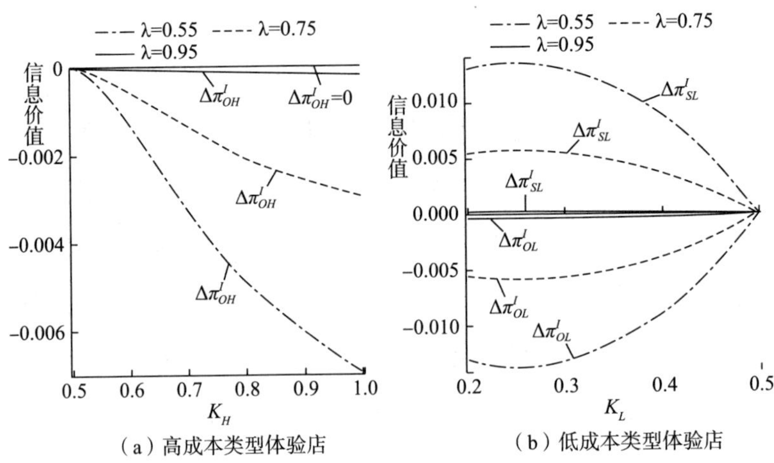

（a）高成本类型体验店

（b）低成本类型体验店

图 6-4 不同 λ 和 k_i 下的在线零售商、体验店信息价值

收益从在线零售商转移到低成本类型体验店。（2）如图 6-4（a），$\Delta\pi^I_{OH}$总是随 k_H增大而减小，表明在由在线零售商和高成本类型体验店构成的 O2O 供应链中，k_H会加剧不对称信息对在线零售商与 O2O 供应链绩效的不利影响；如图 6-4（b），$\Delta\pi^I_{OL}$总是随 k_L增大而增大，$\Delta\pi^I_{SL}$随 k_L增大而减小，且在 λ 较小（$\lambda=0.55$）时，$\Delta\pi^I_{OL}$和 $\Delta\pi^I_{SL}$随 k_L呈现明显的单峰变化。（3）还能看到，$|\Delta\pi^I_{Oi}|$总是随 λ 增大而减小，表明 λ 能够缓解在线零售商信息劣势给其带来的不利影响。$\Delta\pi^I_{SH}=0$［如图 6-4（a）］表明 λ 对高成本类型体验店信息价值无影响；$|\Delta\pi^I_{SL}|$总是随 λ 增大而减小［如图 6-4（b）］，表明 λ 会抑制低成本类型体验店的信息优势。

第五节 问题延伸与拓展

通过上文分析可知：在不对称信息下，在线零售商通过设计一组佣金契约菜单实现对体验店的激励作用，但不对称信息的存在也会影响在线零售商和体验店的决策和绩效。本节将进一步考虑在线零售商与实体店合作情形，即实体店在为在线零售商提供产品体验服务，此时消费者在体验产品过程中还会发生额外的购买行为。例如，新加坡 iKnow 集团线下实体店为京东商城产品提供线下展示服务，供消费者体验，同时经营自有的零售业务；英国最大的连锁 IT 经销商 Currys PC World 为 Google 的安卓手机、平板、Chromebook、Chromecast 等提供线下展示服务，同时销售其自营的 IT 产品。

本节假设实体店交叉销售收益为 r，且存在两种可能：高交叉销售收益（r_H）和低交叉销售收益（r_L）（$r_H > r_L$）。由此，可以得到实体店的期望利润函数 π_S 和在线零售商利润函数 π_O 分别为

$$\pi_S = \alpha + \beta p \bar{\lambda} q_S + r q_S - C(e) \tag{6-15}$$

$$\pi_O = -\alpha + (1-\beta) p \bar{\lambda} q_S + p\lambda q_O - c(q_O + \lambda q_S) \tag{6-16}$$

命题 6.5 交叉销售对零售商和实体店存在如下影响：

（1）当 $r_H > b_2$ 时，$CR_i > RS_i$；

（2）$\dfrac{\partial \pi_O(\alpha_i^{A^*},\ \beta_i^{A^*})}{\partial r_i} \geq 0$，$\dfrac{\partial \pi_{Si}(\alpha_i^{A^*},\ \beta_i^{A^*})}{\partial r_i} \geq 0$。

其中，$CR_i = r_i q_S(e_i^{A^*})$ 表示实体店获得的交叉销售收益；$RS_i = \beta_i^{A^*} p \bar{\lambda} q_S(e_i^{A^*})$ 表示在线零售商给予实体店收益共享的佣金部分。

根据命题 6.5，交叉销售不一定会对在线零售商或实体店有利。若实体店为高交叉销售收益类型，在线零售商获得的交叉销售价值总是为正；若实体店为低交叉销售收益类型，仅当交

叉销售收益大小超过某一阈值时，在线零售商才能获得正的交叉销售价值。这是因为在高交叉销售收益类型实体店下，尽管与不存在交叉销售情形下的佣金率相等，但交叉销售的存在会对实体店努力付出产生额外激励（$e_H^{A^*} > \hat{e}^*$）；另外，交叉销售的存在降低了实体店参与合作的“门槛”，故在线零售商通过较小的固定支付即可达到激励实体店参与合作的目的。此外，在高交叉销售收益类型实体店下，当交叉销售收益较大时，交叉销售的激励作用占主导；若实体店为低交叉销售收益类型，需体验服务成本系数与低交叉销售收益均满足一定条件，交叉销售的激励作用才占主导。由于个体理性约束为紧约束，且固定支付的主要作用为激励实体店参与合作，因此仅通过比较交叉销售收益与收益共享的佣金部分来比较分析二者对实体店的激励作用。

第六节　研究结论与展望

本书通过建立在线零售商和线下体验店之间的委托代理模型来研究“线下体验，线上购买”O2O供应链合作激励问题，考虑线下体验店体验服务努力水平及其服务成本信息不对称，给出了在线零售商的最优佣金契约设计。本章所得结论可总结为以下三个方面。

(1) 在线零售商应通过权衡固定支付与佣金率对体验店不同的激励作用来设计佣金契约。当体验店为高成本类型时，在线零售商对体验店的参与合作积极性激励占主导，给予体验店较大的固定支付；若体验店为低成本类型，在线零售商将设置较高的佣金率激励体验店付出努力，此时在线零售商和体验店均能获得更高的收益。

（2）不对称信息的存在会使佣金契约发生变化。在由在线零售商与高成本类型体验店构成的O2O供应链中，固定支付"向上扭曲"，佣金率"向下扭曲"，在线零售商侧重于对高成本类型体验店的参与合作积极性激励；若体验店为低成本类型，固定支付"向上扭曲"，佣金率能达到对称信息情形下的最优水平，在线零售商不仅需要调动体验店参与合作的积极性，还需要激励体验店提供更高服务努力水平。

（3）O2O供应链各个参与者的行为共同决定了不对称信息的存在总是会造成在线零售商绩效损失，而仅低成本类型体验店能够获得额外的信息租金。在不对称信息下，O2O供应链系统绩效不一定会产生损失，尤其是在由在线零售商与低成本类型体验店组成的O2O供应链中，不对称信息的存在只是导致利益在O2O供应链内部的重新分配，此时在线零售商和体验店获得的期望利润也更高。并且，针对高成本类型体验店，若其谈判力满足一定条件，O2O供应链成员可以达成信息共享谈判，而共享整个O2O供应链的利润。

本书研究的O2O供应链仅包含一个线下体验店，现实生活中在线零售商往往会与多个线下体验店建立基于佣金契约的合作，因此，在不对称信息下，包含多个线下体验店的O2O供应链的佣金契约设计是未来可以进一步研究的问题。

第七章　不对称信息下在线零售商线上推荐策略

电子商务领域日益严格的消费者权益保护（如 2014 年正式实施的新《消费者权益保护法》、2015 年颁布的《侵害消费者权益行为处罚办法》）和消费者消费观念的转变迫使电商企业开始关注消费者的购物体验，由最初的“重商品数量”向“重消费体验”转变。当消费者在线上购物时，缺少产品的实物体验，易导致较高的退货率，这在某种程度上制约着电商的发展（Rao et al.，2014）。因此，越来越多的电商企业开始引入线下体验渠道，通过体验店来为消费者提供产品体验。例如，天猫商城入驻商家通过爱蜂潮家居体验馆展示其线上销售的产品，为消费者提供家居类产品体验；新加坡 iKnow 集团线下实体店为京东商城产品提供线下展示服务，以供消费者体验。另外，随着移动互联网技术的发展，电商企业还可以通过第三方平台或移动 App（如天猫、京东、百度地图等）基于消费者的位置信息（LBS，Location Based Service），向消费者推送/推荐与其合作体验店相关的各类产品信息或服务，以吸引消费者参观体验店。然而，在由电商企业与线下体验店组成的系统中，成员企业之间往往存在信息不对称问题，这使得线上、线下渠道合作激励变得困难，并加剧系统激励失调。并且，也容易发现，电商企业的线上推荐与线下体验店的体验服务之间存在部分替代关系，因而可能导致激励契约的激励不相容。面对这些问题，电商企业如何选择最有利的线上推荐策略，以及设计有效的激励契约来激励线下体验店成为线下到线上 O2O 供应链亟待研究与解决的问题。

有关线上推荐的研究，大多聚集于企业是否应该实施线上推荐以及线上推荐对企业利润的影响等方面。Chen 等（2002）、Viswanathan 等（2007）较早地研究了线上推荐问题，考察了线上中介的最优推荐策略及其对销售商最优决策和利润的影响，但 Chen 等（2002）、Viswanathan 等（2007）都是基于单一企业视角，而非供应链视角；Ghose 等（2007）针对由一个制造商和两个差异化竞争在线零售商组成的供应链，比较分析了线上中介推荐、制造商推荐以及混合推荐等三种推荐情形下的供应链绩效；Wu 等（2015）同样考虑两个竞争性在线零售商，研究了制造商的最优线上推荐策略，研究结果表明仅当线上渠道的潜在市场需求足够大时，制造商才会在线上同时推荐两个在线零售商。上述关于线上推荐的文献均基于完全信息背景。与已有研究不同的是，本书以线下到线上 O2O 供应链为研究对象，并从线上、线下合作激励视角，研究不对称信息下在线零售商最优线上推荐策略以及激励机制设计问题。

根据上述研究基础，本书以单个在线零售商和单个线下体验店组成的线下到线上 O2O 供应链系统为研究对象，考虑在线零售商在其线上渠道销售产品，体验店为在线零售商的产品提供线下体验服务，研究逆向选择与道德风险并存情况下的最优线上推荐策略与佣金契约设计问题。在该机制中，在线零售商为委托方、体验店为代理方，分别构建不同线上推荐情形下的委托代理模型，求解最优线上推荐努力水平决策与佣金契约设计，考察不对称信息与线上推荐对在线零售商、体验店以及O2O供应链系统利润的影响。与已有研究不同的是，本书考虑“线下体验，线上购买”O2O供应链的特殊性，研究不对称信息下在线零售商激励机制设计，考察在线零售商实施线上推荐的可行条件及其影响，以期为在线零售商或线上平台的O2O实践提供理论和方法指导。

第一节　问题描述与模型假设

考虑在由单个在线零售商（O）和单个线下体验店（S）组成的O2O系统中，在线零售商在线上渠道销售产品，同时向消费者推荐与其合作体验店相关的各类产品信息或服务，体验店为在线零售商销售的产品提供线下体验服务。在此情形下，消费者既可以直接在线上渠道购买产品（即“直接购买”消费者），也可以选择到体验店体验产品（即“线下体验”消费者）。

消费者在收到在线零售商的产品或者到体验店体验产品前，关于产品是否符合其需求存在一定的不确定性，故假设产品符合消费者需求的概率为 $\lambda(0<\lambda<1)$，此时消费者购买产品能够获得效用 $v(v>0)$，即 $Pr(v)=\lambda$；若产品不符合消费者需求，消费者获得效用 $\bar{v}=0$，即 $Pr(\bar{v})=1-\lambda$。并且，当产品不符合消费者需求时，“直接购买”消费者会选择退货并获得在线零售商全额退款，但消费者会产生退货成本 m，如退货的物流费用等；而对于“线下体验”消费者，若产品不符合其需求则放弃购买。因此，参考文献 Gu 和 Tayi（2015），下面分为两个阶段来分析消费者的购买决策。

第二阶段事后信念：消费者检查产品是否符合其需求。对于“直接购买”消费者，若收到的产品不符合其需求，则获得的效用为 $U_O^{\bar{v}} = -m$；若产品符合消费者需求，则消费者获得的效用为 $U_O^v = v - p$，其中 p 为产品销售价格，为市场确定的外生变量（Gao and Su，2017）。对于“线下体验”消费者，不管是否购买产品均发生参观体验店的麻烦成本 h（如参观体验店的交通成本、时间成本等），且考虑消费者的异质性，即不同消费者的麻烦成本也不同，故假设 h 服从区间 $[0, \bar{h}]$ 上的均匀分布。若产品符合“线下体验”消费者需求，考虑到体验店购物环境、销售人员产品介绍、实物体验等能够降低消费者学习成本，并使消费者获得更多的产品使用价值，故体验服务能够增加消费者产品购买效用（金亮等，2017）；同时，线上推荐能够让消费者更多地了解体验店，甚至提升消费者对产品体验的感知和信任（Wu et al.，2015），故假设“线下体验”消费者获得效用为 $U_S^v = v - p + \phi e + \varphi r$，其中 e 为体验店体验服务努力水平，ϕ 为体验店服务努力敏感系数，r 为在线零售商线上推荐努力水平，φ 为线上推荐努力敏感系数；若产品不符合消费者需求，体验服务和线上推荐均不会对消费者产生影响，消费者放弃购买，则有 $U_S^{\bar{v}} = 0$（Gao and Su，2017）。

第一阶段事前信念：消费者选择购买方式。消费者理性预期第二阶段事后信念，可以得到“直接购买”消费者和“线下体验”消费者的预期净效用分别 $E(U_O)$、$E(U_S)$ 为

$$E(U_O) = Pr(v) \times U_O^v + Pr(\bar{v}) \times U_O^{\bar{v}} = \lambda(v - p) - (1 - \lambda)m \quad (7-1)$$

$$E(U_S) = -h + Pr(v) \times U_S^v + Pr(\bar{v}) \times U_S^{\bar{v}} = \lambda(v - p + \phi e + \varphi r) - h \quad (7-2)$$

假设市场上潜在需求为 1，每个消费者至多购买 1 单位产品。当 $E(U_O)>E(U_S)$ 且 $E(U_O)\geqslant 0$ 时，消费者会选择直接在线上渠道购买产品；当 $E(U_S)>E(U_O)$ 且 $E(U_S)\geqslant 0$ 时，消费者会选择到体验店体验产品，然后再决策是否购买；当 $E(U_O)=E(U_S)\geqslant 0$，即 $\hat{h}=\lambda(\phi e+\varphi r)+(1-\lambda)m$ 时，消费者的两种购买方式无差别。由此，可以得到“直接购买”的消费者数量 q_O 和“线下体验”的消费者数量 q_S 分别为

$$q_O=\int_{\hat{h}}^{\bar{h}}\frac{1}{\bar{h}}dh=\frac{1}{\bar{h}}[\bar{h}-\lambda(\phi e+\varphi r)-(1-\lambda)m] \tag{7-3}$$

$$q_S=\int_0^{\hat{h}}\frac{1}{\bar{h}}dh=\frac{1}{\bar{h}}[\lambda(\phi e+\varphi r)+(1-\lambda)m] \tag{7-4}$$

当体验店提供体验服务时，考虑体验店接待的消费者数量越多，体验店所要支出的店铺维护成本、人工成本等也越高，且随着“线下体验”消费者数量的增加，边际成本递增，故根据金亮等（2017）、Zhu（2015）的设定，假设体验服务成本 C 与“线下体验”消费者数量 q_S 之间满足关系 $q_S=\sqrt{C/k}$，其中 k 为体验店体验服务成本系数，即 $C=kq_S^2$。并且，在线零售商与体验店合作过程中，体验店的体验服务努力水平以及服务成本均为其私有信息，故假设 k 存在两种可能，分别用 k_H 和 k_L 来表示（$k_L/k_H<1$），其中 k_H 为高成本类型（高类型，H），k_L 为低成本类型（低类型，L）。此时，在线零售商仅知道体验店为 H 或 L 类型的概率，为聚焦于 O2O 研究且不失一般性，本研究假设在线零售商关于体验店为 H 或 L 类型的概率相等。为此，在线零售商依据体验店类型 $i(i=H \text{ or } L)$ 设计一组佣金契约菜单（α_H，β_H）和（α_L，β_L），供体验店选择，其中 α_i 为固定支付，

β_i为佣金率。

考虑在线零售商除了通过其线上店铺或网站实施推荐之外（Wu et al.，2015），还通过第三方平台或移动 App（如天猫、京东、百度地图等）基于 LBS 向消费者推送/推荐与其合作体验店相关的各类产品信息或服务，以吸引消费者到体验店体验产品。并且，根据 Besbes 等（2014）的假设，在线零售商线上推荐努力水平越高，所要支出的线上推荐成本也更高，且满足边际成本递增规律，因而为简化表达且不失一般性，假定线上推荐成本为 $r^2/2$。同时，当发生消费者退货时，由于在线零售商往往要求退货产品无损坏且不影响二次销售、消费者承担运费等，故假定在线零售商退货损失为零。用 c 来表示在线零售商单位产品销售成本（如线上咨询、网络维护等成本），可以得到在线零售商的利润函数 π_O为

$$\pi_O(\alpha,\beta;r) = p\lambda q_O - c(q_O + \lambda q_S) - \alpha - \beta p\lambda q_S - r^2/2 \qquad (7-5)$$

体验店的利润函数 π_S为

$$\pi_S(e \mid \alpha,\beta) = \alpha + \beta p\lambda q_S - kq_S^2 \qquad (7-6)$$

表 7-1　符号定义与说明

符号	定义与说明
λ	产品符合消费者需求的概率，$0 < \lambda < 1$
v	消费者的支付意愿或对产品的估值，$v \sim U[0,\ 1]$
p	在线零售商决策的产品零售价格
m	消费者退货成本
e	体验店提供的体验服务努力水平

续表

符号	定义与说明
α	在线零售商支付给体验店的固定支付
β	在线零售商支付给体验店的佣金率
q_i	产品需求，$i=O$，S 分别表示消费者直接购买和体验产品情形
c	在线零售商的产品销售成本
r	在线零售商线上推荐努力水平
k	体验店体验服务成本系数
φ	线上推荐努力敏感系数
ϕ	体验店服务努力敏感系数
$E(u)$	消费者购买产品获得的预期净效用
CS	消费者剩余
π_O	在线零售商获得的利润
π_S	体验店获得的利润
π_{SC}	O2O 供应链系统的利润

第二节　模型构建与求解

在线零售商是否应该选择线上推荐策略，以及线上推荐策略如何影响在线零售商的决策和绩效？为解决上述问题，本节分别构建在线零售商选择线上推荐策略前后的两阶段动态博弈模型，即先研究不存在线上推荐的基准情形，再考察存在线上推荐情形下的在线零售商佣金契约设计。

一　不存在线上推荐的基准情形

在基准情形下，在线零售商不实施线上推荐，即 $r=0$。在线零售商与体验店的交易过程为：首先，预期体验店体验服务努力水平决策 $e_i^*(\alpha_i,\beta_i)$，在线零售商率先设计佣金契约（α_i，β_i）；然后，体验店选择佣金契约并决策最优体验服务努力水平 e_i^*。由此，当体验店为 $i(i=H, L)$ 类型时，在线零售商需要解决以下优化问题。本书用字符"N"表示"不存在线上推荐情形"。

$$\begin{cases} \max\limits_{\alpha_H,\beta_H,\alpha_L,\beta_L} \pi_O^N = \dfrac{1}{2}\pi_O(\alpha_H,\beta_H) + \dfrac{1}{2}\pi_O(\alpha_L,\beta_L) \\ \text{s. t. } (\text{IC}-\text{H})\pi_S(e_H^* \mid \alpha_H,\beta_H) \geqslant \pi_S(e_H^* \mid \alpha_L,\beta_L) \\ \quad\quad (\text{IC}-\text{L})\pi_S(e_L^* \mid \alpha_L,\beta_L) \geqslant \pi_S(e_L^* \mid \alpha_H,\beta_H) \\ \quad\quad (\text{IR}-\text{H})\pi_S(e_H^* \mid \alpha_H,\beta_H) \geqslant \overline{\pi} \\ \quad\quad (\text{IR}-\text{L})\pi_S(e_L^* \mid \alpha_L,\beta_L) \geqslant \overline{\pi} \end{cases} \tag{7-7}$$

式中，

$$e_i^*(\alpha_i,\beta_i) = \underset{e_i\geqslant 0}{\operatorname{argmax}}\{\alpha_i + \beta_i p\lambda q_S(e_i) - k_i[q_S(e_i)]^2\} \tag{7-8}$$

在上述优化问题中，在线零售商的目标函数 π_O^N 为在两种类型体验店下获得利润的期望。约束式（IC－i）为激励相容约束，以保证体验店会依据其真实的类型如实选择佣金契约，其中 $\pi_S(e_H^* \mid \alpha_L, \beta_L)$ $[\pi_S(e_L^* \mid \alpha_H, \beta_H)]$ 表示 $H(L)$ 类型体验店谎报且选择契约（α_L，β_L）[（α_H，β_H）] 时获得的利润；约束式（IR－i）为个体理性约束，该约束保证体验店接受佣金契约所得利润不低于其保留利润。

定理 7.1　在不存在线上推荐情形下，在线零售商最优佣金契约设计（$\alpha_i^{N^*}$，$\beta_i^{N^*}$）（$i=H, L$）为

（1）当 $k=k_H$ 时，$\alpha_H^{N^*} = \overline{\pi} - \dfrac{(1-\lambda)^2 c^2 k_L^2}{4k_H^3}$，$\beta_H^{N^*} = \dfrac{(1-\lambda)\ ck_L}{\lambda p k_H}$；

（2）当 $k=k_L$ 时，$\alpha_L^{N^*}=\overline{\pi}-\frac{(k_H^3-k_Hk_L^2+k_L^3)(1-\lambda)^2c^2}{4k_Lk_H^3}$，$\beta_L^{N^*}=\frac{(1-\lambda)c}{\lambda p}$。

证明：采用 KT 方法求解，并根据逆向归纳法。首先，给定（α_i，β_i），体验店确定体验服务努力水平 e_i^*（α_i，β_i）；然后，在线零售商根据 e_i^*（α_i，β_i）来设计佣金契约（$\alpha_i^{N^*}$，$\beta_i^{N^*}$）。接下来，分为以下两个步骤进行求解。

步骤 1：根据式（7－8），求解体验店的反应函数 $e_i^{N^*}$（α_i，β_i）。容易验证，$\pi_S(e_i|\alpha_i,\beta_i)$ 为关于 e_i 的凹函数，故依据最优性一阶条件可得：

$$e_i^*(\alpha_i,\beta_i)=\frac{\beta_i\lambda p\overline{h}-2(1-\lambda)mk_i}{2\lambda\varphi k_i}$$

步骤 2：求解在线零售商最优佣金契约设计（$\alpha_i^{N^*}$，$\beta_i^{N^*}$）。将 $e_i^{N^*}$（α_i，β_i）代入式（7－7）。容易知道，π_O^N 为关于 α_i 的一次函数和关于 β_i 的凹函数，故在约束条件（IR－i）下，存在角点解 $\alpha_i^{N^*}$ 和内点解 $\beta_i^{N^*}$，即存在唯一最优解。此外，可以验证：$\pi_S(e_L^*|\alpha_H,\beta_H)-\pi_S(e_H^*|\alpha_H,\beta_H)>0$，由此联立约束条件（IC－L）和（IR－H）可得 $\pi_S(e_L^*|\alpha_L,\beta_L)\geqslant\overline{\pi}$ 恒成立，故（IR－L）为无效约束。构建 Lagrange 函数 $L(\alpha_i,\beta_i;\chi_j)$：

$$\begin{aligned}L(\alpha_i,\beta_i;\chi_j)=&\frac{1}{2}\pi_O(\alpha_H,\beta_H)+\frac{1}{2}\pi_O(\alpha_L,\beta_L)+\chi_1[\pi_S(e_H^*|\alpha_H,\beta_H)-\\&\pi_S(e_H^*|\alpha_L,\beta_L)]+\chi_2[\pi_S(e_L^*|\alpha_L,\beta_L)-\\&\pi_S(e_L^*|\alpha_H,\beta_H)]+\chi_3[\pi_S(e_H^*|\alpha_H,\beta_H)-\overline{\pi}]\end{aligned}$$

在上式中，$i=H$，L，$j=1$，2，3。对 $L(\alpha_i,\beta_i;\chi_j)$ 求解各

个参数的一阶偏导数，可以得到KT条件为

$$\frac{\partial L}{\partial \alpha_i^N}=\frac{\partial L}{\partial \beta_i^N}=0,\ \frac{\partial L}{\partial \chi_j}\geqslant 0,\ \chi_j\geqslant 0\ \text{且}\ \chi_j\frac{\partial L}{\partial \chi_j}=0$$

联立求解得到3组解，其中仅1组解满足非负条件，即当 $\chi_1=0$，$\chi_2\neq 0$，$\chi_3\neq 0$ 时，得到 $\alpha_i^{N^*}$ 和 $\beta_i^{N^*}$。

定理7.1表明，由于不对称信息的存在，针对不同类型的体验店，在线零售商设计了一组佣金契约菜单（$\alpha_H^{N^*}$，$\beta_H^{N^*}$）和（$\alpha_L^{N^*}$，$\beta_L^{N^*}$）（一个针对 H 类型体验店，一个针对 L 类型体验店）来甄别体验店拥有的私有信息。并且，容易发现，当体验店为 L 类型时，在线零售商会提高佣金率（$\beta_L^{N^*}>\beta_H^{N^*}$）来激励 L 类型体验店提供更高的体验服务努力水平；同时，在线零售商也可以适当地降低给予 L 类型体验店的一次性转移支付（$\alpha_L^{N^*}<\alpha_H^{N^*}$），即提高给予 H 类型体验店的固定支付来满足其参与约束。最后，将（$\alpha_i^{N^*}$，$\beta_i^{N^*}$）代入 $e_i^*(\alpha_i,\beta_i)$，即可得到基准情形下的最优体验服务努力水平 $e_i^{N^*}$；由式（7－5）、式（7－6）可得在线零售商和体验店获得的利润分别为 $\pi_{Oi}^{N^*}$、$\pi_{Si}^{N^*}$。

二　线上推荐情形

在存在线上推荐情形下，在线零售商还需要决策线上推荐努力水平。交易过程为：首先，在线零售商率先给出佣金契约（α_i，β_i）；然后，根据体验店选择的佣金契约，在线零售商与体验店同时进行决策，即在线零售商决策最优线上推荐努力水平 r_i^*，体验店决策最优体验服务努力水平 e_i^*。由此，当体验店为 $i(i=H\ \text{or}\ L)$ 类型时，在线零售商需要解决以下优化问题。本书用字符“Y”表示“存在线上推荐情形”。

$$\begin{cases} \max\limits_{\alpha_H,\beta_H,\alpha_L,\beta_L} \pi_O^Y = \dfrac{1}{2}\pi_O(r_H^*, e_H^* \mid \alpha_H, \beta_H) + \dfrac{1}{2}\pi_O(r_L^*, e_L^* \mid \alpha_L, \beta_L) \\ \text{s. t. } (\text{IC}-\text{H})\, \pi_S(e_H^* \mid \alpha_H, \beta_H) \geqslant \pi_S(e_H^* \mid \alpha_L, \beta_L) \\ \quad (\text{IC}-\text{L})\, \pi_S(e_L^* \mid \alpha_L, \beta_L) \geqslant \pi_S(e_L^* \mid \alpha_H, \beta_H) \\ \quad (\text{IR}-\text{H})\, \pi_S(e_H^* \mid \alpha_H, \beta_H) \geqslant \overline{\pi} \\ \quad (\text{IR}-\text{L})\, \pi_S(e_L^* \mid \alpha_L, \beta_L) \geqslant \overline{\pi} \end{cases} \tag{7-9}$$

式中，

$$\begin{cases} r_i^*(\alpha_i, \beta_i) = \underset{r_i \geqslant 0}{\operatorname{argmax}} \Big\{ p\lambda q_O(r_i, e_i) - c[q_O(r_i, e_i) + \lambda q_S(r_i, e_i)] - \\ \qquad \alpha_i - \beta_i p\lambda q_S(r_i, e_i) - \dfrac{r_i^2}{2} \Big\} \\ e_i^*(\alpha_i, \beta_i) = \underset{e_i \geqslant 0}{\operatorname{argmax}} \{ \alpha_i + \beta_i p\lambda q_S(r_i, e_i) - k_i [q_S(r_i, e_i)]^2 \} \end{cases} \tag{7-10}$$

在上述优化问题中，在线零售商的目标函数 π_O^Y 为在两种类型体验店下获得利润的期望。在激励相容约束（IC－i）和体验店个体理性约束（IR－i）下，采用逆向归纳法求解上述优化问题，得到如下定理。

定理 7.2 在存在线上推荐情形下，在线零售商最优佣金契约设计（$\alpha_i^{Y^*}$，$\beta_i^{Y^*}$）（$i=H$，L）为

（1）当 $k=k_H$ 时，$\alpha_H^{Y^*} = \overline{\pi} - \dfrac{\lambda^2 p^2 (\beta_H^{Y^*})^2}{2k_H}$，

$$\beta_H^{Y^*} = \frac{(1-\lambda)\ (2\lambda^2\varphi^2 k_H + \overline{h}^2) c k_L}{(2\lambda^2\varphi^2 k_L + \overline{h}^2)\lambda p k_H};$$

（2）当 $k=k_L$ 时，$\alpha_L^{Y^*} = \alpha_H^{Y^*} + \dfrac{p^2\lambda^2(\beta_H^{Y^*} - \beta_L^{Y^*})(\beta_H^{Y^*} + \beta_L^{Y^*})}{4k_L}$，$\beta_L^{Y^*} = \dfrac{(1-\lambda)c}{\lambda p}$。

证明：采用 KT 方法，根据逆向归纳法。首先，给定（α_i，β_i），在线零售商和体验店同时决策 $r_i^*(\alpha_i, \beta_i)$、$e_i^*(\alpha_i, \beta_i)$；然后，在线零售商根据 $r_i^*(\alpha_i, \beta_i)$、$e_i^*(\alpha_i, \beta_i)$ 来设计佣金契约（$\alpha_i^{N^*}$，$\beta_i^{N^*}$）。接下来，分为以下两个步骤进行求解。

步骤 1：根据式（7－10），容易验证 $\pi_S(e_i|\alpha_i, \beta_i)$ 为关于 e_i 的凹函数，$\pi_O(\alpha_i, \beta_i; r_i)$ 为关于 r_i 的凹函数，故依据一阶条件可求得：

$$r_i^*(\alpha_i,\beta_i) = \frac{\lambda\varphi[(1-\lambda)c - \beta_i\lambda p]}{\bar{h}},$$

$$e_i^*(\alpha_i,\beta_i) = \frac{\beta_i p(2\lambda^2\varphi^2 k_i + \bar{h}^2) - 2(1-\lambda)(\lambda^2\varphi^2 c + m\bar{h})}{2\phi\bar{h}k_i}$$

步骤 2：与定理 7.1 证明过程类似，采用 KT 方法即可求得 $\alpha_i^{Y^*}$ 和 $\beta_i^{Y^*}$，略。

定理 7.2 表明，在存在线上推荐情形下，与基准情形类似，在线零售商同样需要设计一组佣金契约菜单（$\alpha_H^{Y^*}$，$\beta_H^{Y^*}$）和（$\alpha_L^{Y^*}$，$\beta_L^{Y^*}$）来甄别体验店的类型。并且，最优佣金契约参数之间也满足关系：$\beta_L^{Y^*} > \beta_H^{Y^*}$、$\alpha_L^{Y^*} < \alpha_H^{Y^*}$。最后，将（$\alpha_i^{Y^*}$，$\beta_i^{Y^*}$）代入 $r_i^*(\alpha_i, \beta_i)$ 可以得到 $r_H^{Y^*} > 0$ 和 $r_L^{Y^*} = 0$，这意味着线上推荐可以部分替代体验服务的作用，并且仅当体验店为 H 类型时，在线零售商才会实施线上推荐；将（$\alpha_i^{Y^*}$，$\beta_i^{Y^*}$）代入 $e_i^*(\alpha_i, \beta_i)$，即可得到存在线上推荐情形下的最优体验服务努力水平 $e_i^{Y^*}$；由式（7－5）、式（7－6）可以得到在线零售商和体验店获得的利润分别为 $\pi_{Oi}^{Y^*}$、$\pi_{Si}^{Y^*}$。

命题 7.1　分析佣金率和线上推荐对体验店体验服务努力水平决策的影响，可以得到：

（1）$\frac{e_H^{Y^*}}{\partial\beta_H^Y}>0$，$\frac{e_H^{Y^*}}{\partial r_H}<0$；

（2）当 $\varphi>\frac{\bar{h}p}{2k_i}$时，$\left|\frac{e_H^{Y^*}}{\partial r_H^Y}\right|>\left|\frac{e_H^{Y^*}}{\partial\beta_H^Y}\right|$。

证明：分别求解 $e_i^{Y^*}$ 关于 r_H^Y、β_H^Y的一阶偏导数即可得，略。

命题 7.1 表明，在线零售商通过调整佣金率的大小来激励体验店付出努力，因而体验店决策的体验服务努力水平与佣金率大小呈正相关。然而，当在线零售商实施线上推荐时，部分“直接购买”消费者会迁移到线下体验渠道，即线上推荐在一定程度上能够替代体验服务的作用，因而当在线零售商实施线上推荐时，道德风险的存在会使体验店降低体验服务努力水平。此外，还可以发现，当线上推荐努力敏感系数超过某一阈值时，线上推荐对体验店努力付出的负效应占主导。

第三节　线上推荐价值分析

在上节分别求解了不同线上推荐情形下各个企业的最优决策和利润，但在线零售商是否应该选择线上推荐或者是否存在可行条件？在线零售商选择线上推荐是否需要相应地调整其佣金契约？线上推荐如何影响体验店的体验服务决策以及各个企业的利润？为解决上述问题，本节先分析线上推荐对在线零售商和体验店均衡决策的影响，然后通过比较不同情形下的在线零售商、体验店以及 O2O 供应链系统的利润，考察线上推荐价值。

一　线上推荐对佣金契约的影响

先考察线上推荐对在线零售商佣金契约设计的影响。根据定理7.1和定理7.2，比较分析上述两种情形下的佣金契约参数，容易发现，在线零售商线上推荐会使最优佣金契约参数发生变化，得到命题7.2。

命题7.2　在线零售商线上推荐对最优佣金契约设计有如下影响：

（1）当 $k=k_H$ 时，$\alpha_H^{Y^*}<\alpha_H^{N^*}$，$\beta_H^{Y^*}>\beta_H^{N^*}$；

（2）当 $k=k_L$ 时，$\alpha_L^{Y^*}>\alpha_L^{N^*}$，$\beta_L^{Y^*}=\beta_L^{N^*}$。

证明：根据定理7.1和定理7.2，当 $k=k_H$ 时，比较佣金契约参数，可以得到

$$\alpha_H^{Y^*}-\alpha_H^{N^*}=-\frac{(1-\lambda)^2(k_H-k_L)[(k_H+k_L)\lambda^2\varphi^2+\bar{h}^2]\lambda^2\varphi^2c^2k_L^2}{(2\lambda^2\varphi^2k_L+\bar{h}^2)^2k_H^3}<0,$$

$$\beta_H^{Y^*}-\beta_H^{N^*}=\frac{2(1-\lambda)(k_H-k_L)\lambda ck_L\varphi^2}{(2\lambda^2\varphi^2k_L+\bar{h}^2)pk_H}>0$$

当 $k=k_L$ 时，比较佣金契约参数，可以得到

$$\alpha_L^{Y^*}-\alpha_L^{N^*}=\frac{(1-\lambda)^2(k_H-k_L)^2[(k_H+k_L)\lambda^2\varphi^2+\bar{h}^2]\lambda^2\varphi^2c^2k_L}{(2\lambda^2\varphi^2k_L+\bar{h}^2)^2k_H^3}>0,\beta_L^{Y^*}-\beta_L^{N^*}=0$$

命题7.2表明，针对不同类型的体验店，在线零售商线上推荐对最优佣金契约参数的影响存在一定差异。具体分析，当体验店为 H 类型时，依据命题7.1，线上推荐会部分替代体验服务的作用，且由于体验店提供体验服务的成本较高，因而为了使更多的消费者到体验店体验产品，在线零售商需要提高佣金

率（$\beta_H^{Y^*} > \beta_H^{N^*}$）才能激励体验店付出努力，同时在线零售商适当地降低固定支付（$\alpha_H^{Y^*} < \alpha_H^{N^*}$）来满足体验店的参与约束。当体验店为 L 类型时，由于在线零售商将会设置为零的线上推荐努力水平，因而佣金率高低不会变化，但在线零售商却也需要提高固定支付来激励体验店参与合作。

推论 7.1 设 $\Delta\alpha_i = \alpha_i^{Y^*} - \alpha_i^{N^*}$，$\Delta\beta_i = \beta_i^{Y^*} - \beta_i^{N^*}$，则可以得到：

（1）$\frac{\partial|\Delta\alpha_i|}{\partial\varphi} > 0$；当 $k_H \in (k_L, 2k_L)$ 时，$\frac{\partial|\Delta\alpha_H|}{\partial\varphi} > \frac{\partial|\Delta\alpha_L|}{\partial\varphi}$；

（2）$\frac{\partial|\Delta\beta_H|}{\partial\varphi} > 0$，$\frac{\partial|\Delta\beta_H|}{\partial k_H} > 0$；$\frac{\partial^2|\Delta\beta_H|}{\partial\varphi\partial k_H} > 0$。

证明：根据命题 7.2 的证明过程，求解一阶偏导数，易得，略。

推论 7.1 表明，随着在线零售商线上推荐对消费者影响的增大（即随着 φ 的增大），线上推荐对固定支付的影响也增大，且对于不同类型的体验店，固定支付的这种变化取决于体验店体验服务成本系数的大小。而对于佣金率而言，当体验店为 H 类型时，在线零售商才会实施线上推荐，因而线上推荐努力敏感系数和体验店体验服务成本系数均会加剧线上推荐对佣金率的不利影响，但体验店体验服务成本系数也会加剧线上推荐敏感系数对佣金率变化的不利影响。

二　线上推荐对绩效的影响

本节将通过比较两种情形下在线零售商和体验店获得的利润来考察线上推荐价值。为简化表达，先定义：$\Delta\pi_{Oi}^R = \pi_{Oi}^{A^*} - \pi_{Oi}^{N^*}$、$\Delta\pi_{Si}^R = \pi_{Si}^{A^*} - \pi_{Si}^{N^*}$（$i = H$ or L）分别表示线上推荐对在线零售商和体验店利润的影响；$\Delta\pi_i^R = \Delta\pi_{Oi}^R + \Delta\pi_{Si}^R$表示线上推荐对 O2O

供应链系统利润的影响。

命题 7.3　在线零售商线上推荐对 O2O 供应链成员的利润有如下影响：

（1）当 $k_H < 2k_L$，或者当 $k_H > 2k_L$ 且 $\varphi > \bar{h}\sqrt{2(k_H - 2k_L)}/2\lambda k_L$ 时，$\Delta\pi_{OH}^R > 0$，$\Delta\pi_{OL}^R < 0$；

（2）$\Delta\pi_{SH}^R = 0$，$\Delta\pi_{SL}^R > 0$。

证明：比较两种情形下在线零售商和体验店获得的利润，容易求得

$$\Delta\pi_{OH}^R = \frac{(1-\lambda)^2(k_H - k_L)^2(2\lambda^2\varphi^2 k_L^2 + 2\bar{h}^2 k_L - \bar{h}^2 k_H)\lambda^2\varphi^2 c^2}{2(2\lambda^2\varphi^2 k_L + \bar{h}^2)^2 k_H^3},$$

$$\Delta\pi_{OL}^R = -\frac{(1-\lambda)^2(k_H - k_L)^2[(k_H + k_L)\lambda^2\varphi^2 + \bar{h}^2]\lambda^2\varphi^2 c^2 k_L}{(2\lambda^2\varphi^2 k_L + \bar{h}^2)^2 k_H^3}$$

容易知道，当 $k_H > 2k_L$ 且 $\varphi > \sqrt{2(k_H - 2k_L)}\,\bar{h}/2\lambda k_L$ 时，$\Delta\pi_{OH}^R > 0$；$\Delta\pi_{OL}^R < 0$。同理，易得 $\Delta\pi_{SH}^R = 0$；$\Delta\pi_{SL}^R = -\Delta\pi_{OL}^R > 0$。

命题 7.3 表明，在线零售商线上推荐并不总是对其有利，并且仅当体验店为 H 类型时，在线零售商才有可能会实施线上推荐（即存在可行条件）。具体分析，线上推荐对在线零售商的影响来自三方面：其一，依据命题 7.2，线上推荐会影响在线零售商的最优佣金契约设计；其二，线上推荐会促使部分“直接购买”消费者迁移到线下体验渠道，由此影响产品退货给在线零售商造成的损失大小；其三，在线零售商线上推荐的成本支出。综合以上三个方面分析，可以知道，若体验店为 H 类型，则线上推荐对在线零售商利润的影响取决于 k_H 与 φ 的大小，仅当 k_H 较小时，或当 k_H 与 φ 均较大时，线上推荐才能有效提升在线零售商的利润；若体验店为 L 类型，则在线零售商会设置为

零的线上推荐努力水平，但更高的固定支付仍会给在线零售商造成利润损失。

根据命题7.3，还可以发现，在线零售商线上推荐总是不会给体验店带来不利。这是因为线上推荐会影响在线零售商的最优佣金契约设计，进而影响体验店的佣金收入水平和最优体验服务努力水平（即体验服务成本支出）。具体分析，当体验店为 H 类型时，在线零售商将给予体验店更多的佣金支付，但体验服务成本也会增加，且二者相等，故线上推荐并不会影响 H 类型体验店的利润；当体验店为 L 类型时，由于体验服务成本不变，故增加的佣金收入即为体验店获得的额外收益。

推论7.2 在线零售商线上推荐并不总是能够有效提升O2O供应链系统的利润，但也不会给O2O供应链系统造成损失，表现为：$\Delta\pi_H^R=\Delta\pi_{OH}^R>0$，$\Delta\pi_L^R=0$。

证明：根据命题7.3的证明过程，直接比较即可得到，略。

推论7.2表明，当体验店为 H 类型时，线上推荐能够有效提升O2O供应链系统的利润（$\Delta\pi_H^R>0$），并且等于在线零售商利润的增量（$\Delta\pi_H^R=\Delta\pi_{OH}^R$）。当体验店为 L 类型时，由于线上推荐对在线零售商和体验店利润的影响相反，且存在关系 $|\Delta\pi_{OL}^R|=|\Delta\pi_{SL}^R|$，故此时线上推荐并不会对O2O供应链造成损失，只是导致利润在O2O供应链系统内部的重新分配。

三　线上推荐对信息价值的影响

为考察在线零售商推荐对信息价值的影响，本节先给出对称信息下的佣金契约设计，并用（$\hat{a}_i^j$，$\hat{\beta}_i^j$）（$i=H$，L，$j=N$，Y）来表示。在对称信息下，容易知道，在线零售商总是不会实施线上推荐（$\hat{r}_i^{N^*}=0$）。由此，可以得到如下优化问题：

$$\begin{cases}\max\limits_{\hat{a}_i^j,\hat{\beta}_i^j} \hat{\pi}_O(\alpha_i,\beta_i)=p\lambda q_O(\hat{e}_i^{j^*})-c[q_O(\hat{e}_i^{j^*})+\lambda q_S(\hat{e}_i^{j^*})]-\hat{a}_i^j-\hat{\beta}_i^j p\lambda q_S(\hat{e}_i^{j^*}) \\ \text{s. t.}\ (\text{IR})\,\pi_S(\hat{e}_i^*\mid\alpha_i,\beta_i)\geqslant\overline{\pi} \\ \qquad q_O(\hat{e}_i^{j^*})\geqslant 0,q_S(\hat{e}_i^{j^*})\geqslant 0,i=H\text{ or }L\end{cases} \tag{7-11}$$

式中，

$$\hat{e}_i^*(\hat{a}_i,\hat{\beta}_i)=\underset{\hat{e}_i\geqslant 0}{\operatorname{argmax}}\{\hat{a}_i+\hat{\beta}_i p\lambda q_S(\hat{e}_i)-k_i[q_S(\hat{e}_i)]^2\} \tag{7-12}$$

引理 7.1　在对称信息下，在线零售商最优佣金契约设计（$\hat{a}_i^{j^*}$，$\hat{\beta}_i^{j^*}$）（$i=H$，L，$j=N$，Y）为

（1）当 $k=k_H$ 时，$\hat{a}_H^{j^*}=\overline{\pi}-\dfrac{(1-\lambda)^2c^2}{4k_H}$，$\hat{\beta}_H^{j^*}=\dfrac{(1-\lambda)c}{\lambda p}$；

（2）当 $k=k_L$ 时，$\hat{a}_L^{j^*}=\overline{\pi}-\dfrac{(1-\lambda)^2c^2}{4k_L}$，$\hat{\beta}_L^{j^*}=\dfrac{(1-\lambda)c}{\lambda p}$。

证明：与定理 7.1 和定理 7.2 的证明过程类似，采用 KT 方法求解，易得，略。

引理 7.1 给出了对称信息下的最优佣金契约设计。可以知道，在对称信息下，在线零售商总是不会实施线上推荐，故是否存在线上推荐并不会影响在线零售商的最优佣金契约设计，即 $\hat{a}_i^{N^*}=\hat{a}_i^{Y^*}$，$\hat{\beta}_i^{N^*}=\hat{\beta}_i^{Y^*}$。最后，将（$\hat{a}_i^{j^*}$，$\hat{\beta}_i^{j^*}$）分别代入式（7-5）、式（7-6），可得到 i 类型体验店下在线零售商和体验店获得的期望利润分别为 $\hat{\pi}_{Oi}^{j^*}$、$\hat{\pi}_{Si}^{j^*}$。

接下来，分析信息价值。为简化表达，先定义：$\Delta_{Oi}^j=\pi_{Oi}^{j^*}-\hat{\pi}_{Oi}^{j^*}$，$\Delta_{Si}^j=\pi_{Si}^{j^*}-\hat{\pi}_{Si}^{j^*}$ 分别表示在 $j(j=N\text{ or }Y)$ 情形下的在线零售商信息价值和体验店信息租金，得到如下命题。

命题 7.4 在 j（$j=N$, Y）情形下，不对称信息对佣金契约、在线零售商和体验店利润有如下影响：

（1）$\alpha_i^{j^*}>\hat{a}_i^{j^*}$；$\beta_H^{j^*}<\hat{\beta}_H^{j^*}$，$\beta_L^{j^*}=\hat{\beta}_L^{j^*}$；

（2）$\Delta_{Oi}^j<0$；$\Delta_{Si}^j\geqslant 0$。

证明：根据定理 7.1 和引理 7.1，比较佣金契约参数，可以得到

$$\beta_H^{N^*}-\hat{\beta}_H^{N^*}=-\frac{(1-\lambda)(k_H-k_L)c}{\lambda p k_H}<0,\beta_L^{N^*}-\hat{\beta}_L^{N^*}=0;$$

$$\alpha_H^{N^*}-\hat{a}_H^{N^*}=\frac{(1-\lambda)^2({k_H}^2-{k_L}^2)c^2}{4k_H^3}>0,\alpha_L^{N^*}-\hat{a}_L^{N^*}=\frac{(1-\lambda)^2(k_H-k_L)k_Lc^2}{4k_H^3}>0$$

同理，依据定理 7.2 和引理 7.1 易得：$\beta_H^{Y^*}-\hat{\beta}_H^{Y^*}<0$，$\beta_L^{Y^*}-\hat{\beta}_L^{Y^*}=0$；$\alpha_H^{Y^*}-\hat{a}_H^{Y^*}>0$，$\alpha_L^{Y^*}-\hat{a}_L^{Y^*}>0$。

根据定理 7.1 和引理 7.1，比较在线零售商和体验店的利润，可以得到

$$\Delta_{OH}^Y=-\frac{c^2\bar{h}^2(k_H-k_L)^2(1-\lambda)^2(2\lambda^2\varphi^2k_H+\bar{h}^2)}{4k_H^3(2\lambda^2\varphi^2k_L+\bar{h}^2)^2}<0,$$

$$\Delta_{OL}^Y=-\frac{k_Lc^2(k_H-k_L)(1-\lambda)^2(2\lambda^2\varphi^2k_H+\bar{h}^2)^2}{4k_H^3(2\lambda^2\varphi^2k_L+\bar{h}^2)^2}<0$$

同理，易得 $\Delta_{SH}^Y=0$，$\Delta_{SL}^Y=-\Delta_{OL}^Y>0$；$\Delta_{Oi}^N<0$；$\Delta_{SH}^N=0$，$\Delta_{SL}^N>0$。

命题 7.4 表明，不对称信息的存在会影响在线零售商的最优佣金契约设计，但无论是否存在线上推荐，佣金契约参数的变化趋势相同。具体分析，在不对称信息下，无论体验店为何种类型，在线零售商总是需要提高固定支付来激励体验店参与合作，即满足体验店参与约束。当体验店为 H 类型时，体验店

提供体验服务的成本较高，因而在线零售商缺乏动机去激励体验店付出更多的努力，并降低佣金率（$\beta_H^{j^*} < \hat{\beta}_H^{j^*}$），但此时在线零售商也需要适当地提高固定支付来满足体验店的参与约束；当体验店为 L 类型时，在线零售商将设置较高的佣金率来激励体验店付出努力，并能达到对称信息下的最优值（$\beta_L^{j^*} = \hat{\beta}_L^{j^*}$），此时更高的固定支付也能为体验店带来额外的信息租金。

根据命题 7.4 也可以知道，不对称信息的存在总是会导致在线零售商利润的损失，但具有信息优势的体验店却也并不总是能够获得信息租金。在不对称信息下，在线零售商固定支付支出的增量大于收益共享部分（即佣金率部分）的节约量［$|\alpha_H^{j^*} - \hat{a}_H^{j^*}| > |\beta_H^{j^*} p\lambda q_S(e_H^{j^*}) - \hat{\beta}_H^{j^*} p\lambda q_S(\hat{e}_H^{j^*})|$］，由此导致在线零售商利润的损失（$\Delta_{Oi}^{j} < 0$）。对于体验店而言，若其为 H 类型，则其增加的佣金收入与体验服务成本支出增量相等，故 H 类型体验店信息租金为零（$\Delta_{SH}^{j} = 0$）；而若体验店为 L 类型，则体验店能够获得额外信息租金（$\Delta_{SL}^{j} > 0$）。此外，还可以发现，当体验店为 L 类型时，在线零售商信息价值与体验店信息租金之间存在关系 $|\Delta_{OL}^{j}| = |\Delta_{SL}^{j}|$，这意味着 O2O 供应链成员之间的信息不对称有可能仅导致利润在系统内部的重新分配。

命题 7.5　在线零售商线上推荐对在线零售商信息价值和体验店信息租金存在如下影响：

（1）当 $k_H \in (k_L,\ 2k_L + \lambda^2\varphi^2 k_L/\bar{h}^2)$ 时，$|\Delta_{OH}^{Y}| < |\Delta_{OH}^{N}|$；$|\Delta_{OL}^{Y}| > |\Delta_{OL}^{N}|$；

（2）$|\Delta_{SH}^{Y}| = |\Delta_{SH}^{N}|$；$|\Delta_{SL}^{Y}| > |\Delta_{SL}^{N}|$。

证明：依据命题 7.4 所得 Δ_{Oi}^{j} 与 Δ_{Si}^{j}，直接求差比较即可得，略。

命题 7.5 表明，在一定条件下，线上推荐会加剧在线零售商信息劣势对其造成的不利影响，但总是不会对体验店信息优势产生不利。当体验店为 H 类型时，在不对称信息下，线上推荐对在线零售商利润的影响与体验店成本系数（k_H）相关，因此线上推荐对在线零售商信息价值的影响取决于 k_H 的大小，仅当 k_H 小于某一阈值时，线上推荐才能有效缓解不对称信息对在线零售商造成的不利影响。当体验店为 L 类型时，在不对称信息下，线上推荐总是会加剧不对称信息对在线零售商的不利影响。对于体验店而言，线上推荐不会对 H 类型体验店的利润造成影响，但对于 L 类型体验店，线上推荐却总是能够加剧其信息优势。此外，结合命题 7.3 还可以发现，当满足条件 $k_H \in (k_L, 2k_L + \lambda^2\varphi^2 k_L/\bar{h}^2)$ 时，线上推荐能够为在线零售商带来额外收益。而从 O2O 供应链视角，在上述条件下，在线零售商线上推荐不仅能有效提升 O2O 供应链系统利润，还能缓解不对称信息对 O2O 供应链系统造成的不利影响。

第四节　数值分析

采用数值算例直观考察上述理论分析结果，以得到更多管理学启示。设置参数：$\bar{h}=1$，$p=1$，$m=0.1$，$c=0.3$，$\phi=1$，$\varphi=0.8$，$k_H=0.75$，$k_L=0.5$，$\bar{\pi}=0.25$。为考察线上推荐对在线零售商最优佣金契约设计的影响，以 $k_i(i=H \text{ or } L)$ 为横坐标，分别绘制不同情形下最优固定支付 $\alpha_i^{j^*}$ $(j=Y \text{ or } N)$、最优佣金率 $\beta_i^{j^*}$ 以及线上推荐对 O2O 供应链成员利润、信息价值影响的变化曲线，如图 7-1、图 7-2、图 7-3、图 7-4。

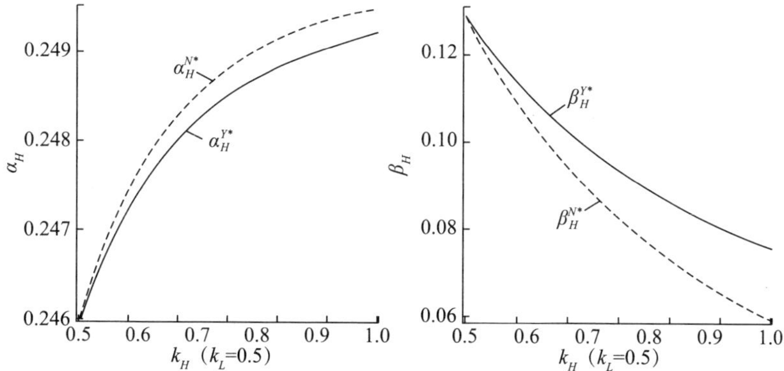

图 7－1　体验店为 *H* 类型时的佣金契约参数变化曲线

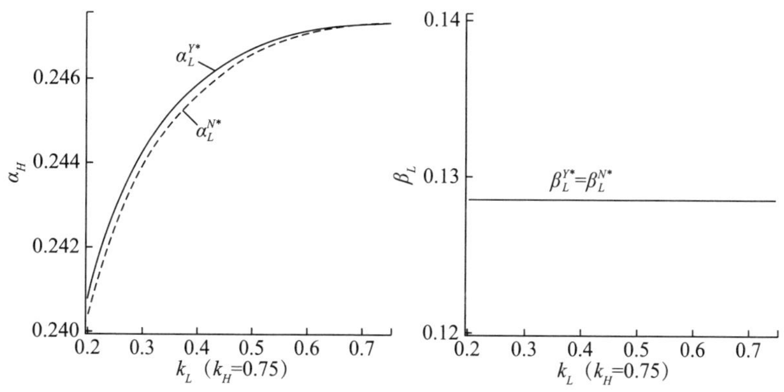

图 7－2　体验店为 *L* 类型时的佣金契约参数变化曲线

当体验店为 *H* 类型时，取 $k_L=0.5$、$k_H\in(0.5,1)$，绘制 $\alpha_H^{j^*}$ 和 $\beta_H^{j^*}$ 的变化曲线。观察图 7－1 可以发现：（1）在不同情形下，$\alpha_H^{j^*}$ 总是会随 k_H 的增大而增大，$\beta_H^{j^*}$ 总是会随 k_H 的增大而减小，表明当 k_H 较大时，在线零售商需要提高固定支付来保证体验店愿意参与合作，但同时在线零售商也会降低对体验店体验服务努力付出的激励；（2）线上推荐总是会促使在线零售商降低固定支付，提高佣金率，即 $\alpha_H^{Y^*}<\alpha_H^{N^*}$、$\beta_H^{Y^*}>\beta_H^{N^*}$，并且，$\alpha_H^{N^*}$ 与 $\alpha_H^{Y^*}$、$\beta_H^{N^*}$ 与 $\beta_H^{Y^*}$ 之差总是会随 k_H 的增大而增大，表明 k_H 也会加剧在线零售商线上推荐对固定支付和佣金率的影响。

当体验店为 L 类型时，取 $k_H = 0.75$、$k_L \in (0.2, 0.75)$，绘制 $\alpha_L^{j^*}$ 和 $\beta_L^{j^*}$ 的变化曲线。观察图 7－2 可以发现：(1) 在不同情形下，$\alpha_L^{j^*}$ 总是会随 k_L 的增大而增大，而 $\beta_L^{j^*}$ 则保持不变，表明当 k_L 较大时，与体验店为 H 类型时的情形类似，在线零售商同样需要提高固定支付；(2) 由于线上推荐并不会影响佣金率高低，因而在存在线上推荐情形下，在线零售商需要提高固定支付以满足体验店的参与约束，并且，随着 k_L 的增大，在线零售商线上推荐对固定支付的影响会逐渐降低并趋于零。

为考察线上推荐对 O2O 供应链成员利润、信息价值的影响，取 $\lambda = (0.65, 0.75, 0.85)$ 分别刻画产品符合消费者需求的概率偏低、适中和偏高等三种情形。当体验店为 H 类型时，为满足命题 7.3 关于体验店服务成本系数 k_H 与 $2k_L$ 的关系，取 $k_L = 0.35$、$k_H \in (0.35, 1)$，以 k_H 为横坐标，绘制图 7－3。

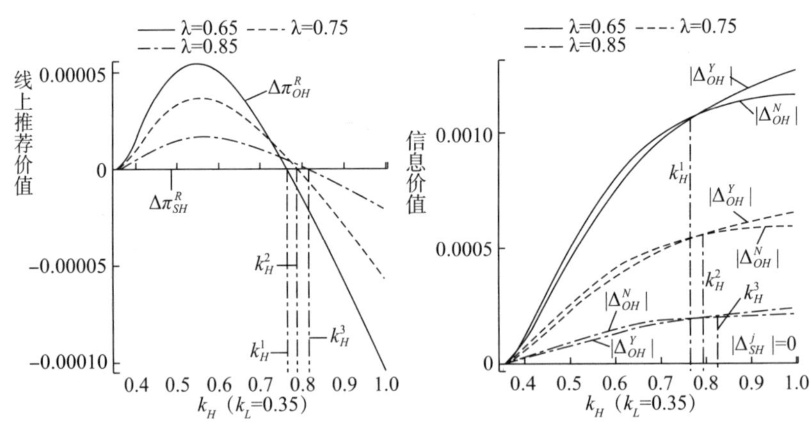

图 7－3 体验店为 *H* 类型时的线上推荐价值与信息价值变化曲线

观察图 7－3 可以发现：(1) 当体验店为 H 类型时，随着 k_H 的增大，$\Delta\pi_{OH}^R$ 会先增大后减小，且当 k_H 超过某一阈值时，

$\Delta\pi_{OH}^{R}<0$，并且，当线上推荐能够提升在线零售商的利润时，其线上推荐价值会随 λ 的增大而减小，但当线上推荐对在线零售商不利时，其利润损失也会随 λ 的增大而增大；（2）不管是否存在线上推荐，在线零售商信息价值总是会随 k_H 的增大而增大，随 λ 的增大而减小，并且，当 k_H 小于某一阈值时，$|\Delta_{OH}^{Y}|<|\Delta_{OH}^{N}|$，表明线上推荐能够在一定程度上缓解不对称信息对在线零售商造成的不利影响；（3）对于 H 类型体验店而言，在线零售商线上推荐并不会对其利润造成影响（$\Delta\pi_{SH}^{R}=0$），且其信息优势也并不能为其带来额外的信息租金。

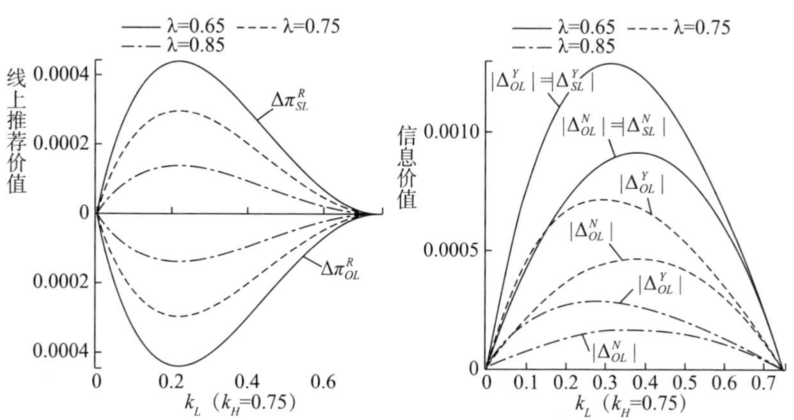

图 7－4　体验店为 L 类型时的线上推荐价值与信息价值变化曲线

当体验店为 L 类型时，取 $k_H=0.75$、$k_L\in(0,\ 0.75)$，绘制图 7－4。观察图 7－4 可以发现：（1）当体验店为 L 类型时，线上推荐会导致在线零售商利润的损失，但此时体验店却总是能够获得更多利润，且还存在关系 $|\Delta\pi_{OL}^{R}|=|\Delta\pi_{SL}^{R}|$，这也意味着线上推荐并不会影响 O2O 供应链系统利润；（2）在不同情形下，在线零售商信息价值与 L 类型体验店信息租金之间存在关系 $|\Delta_{OL}^{j}|=|\Delta_{SL}^{j}|$，表明不对称信息的存在只是导致收益在 O2O

供应链系统内部的重新分配；(3) 线上推荐会加剧不对称信息对在线零售商的不利影响（$|\Delta_{OL}^{Y}| > |\Delta_{OL}^{N}|$），但体验店总是能够获得更多的信息租金（$|\Delta_{SL}^{Y}| > |\Delta_{SL}^{N}|$）。

第五节　本章小结

本章针对由一个在线零售商和一个线下体验店组成的线下到线上 O2O 供应链，考虑体验店线下体验服务能够减少消费者关于产品是否符合其需求的不确定性，以及在线零售商线上推荐行为，构建了不同情形下的委托代理模型，研究了不对称信息下在线零售商线上推荐策略与激励机制设计问题。主要结论和启示如下。

(1) 在不同情形下，针对不同类型的体验店，在线零售商通过设计一组佣金契约菜单来甄别体验店拥有的私有信息。当体验店为高成本类型时，在线零售商会设置较高的固定支付来保证体验店愿意参与合作；当体验店为低成本类型时，在线零售商则会设置较高的佣金率来激励体验店提供更高的体验服务努力水平；体验店的信息优势体现在低成本类型体验店可以选择针对高成本类型体验店的佣金契约，而获取信息租金，此时在线零售商将不会实施线上推荐。

(2) 针对不同类型的体验店，在线零售商线上推荐对最优佣金契约参数和 O2O 供应链成员利润的影响存在一定差异。当体验店为高成本类型时，在线零售商实施线上推荐存在可行条件，在此可行条件内，在线零售商会提高佣金率，但线上推荐并不一定能提升在线零售商的利润，体验店获得的利润则不会发生变化；当体验店为低成本类型时，尽管佣金率不变，但在线上推荐情形下更高的固定支付会导致在线零售商利润的损失，而体验店则能够获得更多利润。

（3）不对称信息的存在会影响在线零售商的最优佣金契约设计，并总是会导致在线零售商利润的损失，体验店有可能获得额外的信息租金；线上推荐也有可能会加剧在线零售商信息劣势对其造成的不利影响，但总是不会对体验店信息优势产生不利。当体验店为高成本类型时，线上推荐对在线零售商信息价值的影响取决于体验店体验服务成本系数，此时线上推荐并不会影响体验店的信息租金（均为零）；当体验店为低成本类型时，线上推荐总是会加剧不对称信息对在线零售商（体验店）的不利（有利）影响；在线零售商线上推荐能有效提升O2O供应链系统利润，且能缓解不对称信息对O2O供应链系统的不利影响。

本书考虑在线零售商仅推荐一个体验店情形，研究线上推荐策略与佣金契约设计。在现实中，在线零售商往往会同时推荐多个体验店供消费者选择，且在线零售商与不同体验店之间的佣金契约为各个体验店的私有信息。因此，在不对称信息下，在线零售商与多体验店之间的线上推荐策略以及佣金契约设计是未来可以进一步研究的问题。

第八章　主要结论和管理启示

第一节　主要结论

在电子商务迅速普及和高速增长背景下，在线零售商面临的产品退货问题愈加严峻。本书基于消费者退货行为的视角，根据理性预期理论和消费者效用理论，构建了消费者预期效用函数和产品需求函数，建立了在线零售商与供应链其他成员企业之间的动态博弈模型，研究了在线零售商定价、退款保证、O2O 渠道拓展、契约设计等决策问题，以期为在线零售商运营管理实践提供理论指导和系统性建议。主要结论如下。

（1）面对消费者退货行为，在线零售商需要根据其退货损失来调整产品销售价格，在满足一定条件时，在线零售商和供应链上游的制造商可能会实施高价策略；如果在线零售商向消费者提供退款保证服务，消费者有可能要为此支付额外的溢价，产品需求降低，消费者剩余提高，但此时在线零售商获得的利润并不一定降低；当在线零售商与制造商之间存在不对称信息时，不对称信息的存在不一定会造成供应链系统利润的损失，有可能仅导致收益在系统内部的重新分配，且供应双方在一定条件下能够达成信息共享谈判。

（2）在线零售商引入O2O渠道有利于增加产品需求，降低产品退货率，但不一定对供应链系统有利，仅当产品符合消费者需求概率和供应链系统退货损失满足一定条件时，O2O渠道策略才能够有效提升供应链系统利润；O2O渠道策略还能有效提升制造商的利润水平和消费者剩余，且较高的产品退货率能提高在线零售商引入O2O渠道的概率；另外，考虑不同供应链主导权结构，拥有主导权的供应链成员会实施高价策略，提高产品零售价格或者批发价格，并获得更高的利润水平，但供应双方不平衡的主导权结构会导致利润在供应链系统内部的重新分配。

（3）当在线零售商通过第三方体验店向消费者提供产品体验服务时，在线零售商应通过权衡固定支付与佣金率对体验店不同的激励作用来设计佣金契约；但在线零售商与体验店之间的不对称信息会使佣金契约发生变化，即在线零售商需要通过调整固定支付和佣金率，来满足体验店的参与合作积极性激励；若体验店为低成本类型，则侧重于激励体验店提供更高的服务努力水平；在满足一定条件下，不对称信息的存在只是导致收益在供应链内部的重新分配，而当体验店服务成本较高时，若其谈判力满足一定条件，供应链成员可以达成信息共享谈判，而共享整个供应链的利润。

（4）在线零售商与体验店合作过程中，如果体验店服务成本较高，则在线零售商的线上推荐策略存在可行条件，且在此可行条件内，在线零售商会提高佣金率，但线上推荐并不一定能提升在线零售商的利润，体验店获得的利润则不会发生变化；如果体验店服务成本较低，则在线上推荐情形下更高的固定支付会导致在线零售商利润的损失，而体验店则能够获得更多利润；线上推荐有可能会加剧在线零售商信息劣势对其造成的不利影响，但总是能有效提升供应链系统的利润水平。

第二节　管理启示

本书研究形成的模型、理论方法和运作策略对在线零售商的运营管理实践具有指导意义，能为在线零售商与其他合作伙伴间的合作提供建议，提升供应链系统协同运营效率。本书所得结论对在线零售商运营管理实践有以下启示意义。第一，在线零售商和制造商根据产品退货损失来共同调整产品价格，能在一定程度上缓解消费者退货的不利影响；面对消费者退货行为，在线零售商要根据实际情况来选择退款保证策略，有可能退款保证策略只是提高了消费者福利而损害了自身利益。第二，在线零售商在与制造商合作过程中，直接面对消费市场而拥有更多市场信息，因而需要策略性地选择信息共享策略，即在一定条件下，向制造商共享一定的信息反而有利。第三，对于在线零售商，引入O2O渠道能使其占有更多的市场份额，扩大潜在市场规模，此时在线零售商并不是一味地采用低价策略，适当地提高产品零售价格能有效阻止部分可能退货的消费者购买产品，或者使该部分消费者在购买前先去体验产品，而避免可能发生的产品退货行为。第四，对于制造商，在一定条件下分摊部分体验店成本，可以有效激励在线零售商开辟体验店；但制造商远离市场而处于信息劣势，应当合理利用产品批发价格来诱导处于信息优势的在线零售商披露真实的信息，实现信息共享。第五，在线零售商在与第三体验店合作时，在道德风险和逆向选择背景下，需要设计佣金契约来激励体验店提供更高的服务水平，其可以尝试通过支付一定的“信息共享费”来激励体验店共享其私有信息。

此外，本书还考虑制造商和体验店的运营决策。对于制造商：第一，当发生消费者退货时，制造商为弥补产品退货对其造成的退货损失，需要提高产品批发价格，但同时又需要考虑过高的产品批发价格会减小在线零售商的定价空间，由此会抑制产品需求，故制造商需要权衡退货损失和产品需求来调整其产品定价决策；第二，当更接近消费者市场的在线零售商拥有更多的市场信息时，制造商可以通过设计“批发价格＋一次性转移支付”的批发合同，揭示在线零售商拥有的私有信息，或者支付一定的“信息共享费”与在线零售商达成信息共享谈判来获取市场信息。对于体验店：第一，体验店的体验服务努力水平和服务成本仅为其私有信息，根据在线零售商给定的佣金契约，体验店还需要考虑消费者对产品的估值及其退货行为来决策服务水平，以最大化自身利润；第二，在道德风险和逆向选择下，体验店应当保持自身的信息优势，并不总是需要向在线零售商披露自身的私有信息，体验店可以通过调整其服务水平决策来获取额外的信息租金。

参考文献

[1] 陈崇萍、陈志祥，2016，《网络销售中退货担保与定价决策》，《中国管理科学》第6期。

[2] 陈敬贤、杨锋、梁樑，2016，《降低顾客退货的店铺辅助服务战略的均衡分析》，《系统工程理论与实践》第2期。

[3] 樊双蛟、王旭坪，2019，《考虑退货的定价和订货优化及信息发布美化策略》，《中国管理科学》第3期。

[4] 范辰、刘咏梅、陈晓红，2018，《考虑渠道竞争和消费者行为的BOPS定价与服务合作》，《系统工程学报》第3期。

[5] 范辰、刘咏梅、陈晓红，2018，《考虑向上销售和渠道主导结构的BOPS定价与服务合作》，《中国管理科学》第3期。

[6] 范丹丹等，2017，《考虑线上线下需求迁移下的供应链O2O最优服务决策研究》，《中国管理科学》第11期。

[7] 何莹莹、郭春香，2018，《预售模式下基于策略型消费者退货行为的运费险决策研究》，《管理学报》第8期。

[8] 黄宗盛、聂佳佳、赵映雪，2016，《基于消费者满意的双渠道销售商退款保证策略研究》，《中国管理科学》第2期。

[9] 黄宗盛、聂佳佳、赵映雪，2016，《基于有限理性消费者的竞争性退款保证策略》，《中国管理科学》第1期。

[10] 金亮，2019，《退款保证下线上零售商定价与O2O渠道策

略研究》，《系统工程学报》第2期。

[11] 金亮、郭萌，2018，《不同权力结构下品牌差异化制造商市场入侵的影响研究》，《管理学报》第1期。

[12] 金亮、郝冠淞，2018，《考虑社会责任的线上零售供应链定价与促销策略研究》，《软科学》第8期。

[13] 金亮、张旭梅、但斌、李诗杨，2017，《交叉销售下"线下体验+线上零售"的O2O供应链佣金契约设计》，《中国管理科学》第11期。

[14] 金亮、张旭梅、李诗杨，2017，《不对称信息下线下到线上O2O供应链佣金契约设计》，《管理学报》第6期。

[15] 金亮、郑本荣、胡浔，2019，《专利授权合同设计与生产外包——基于企业社会责任的视角》，《南开管理评论》第22期。

[16] 李建斌、李赟，2016，《无理由退货政策下的在线定价及补偿优化策略》，《系统工程理论与实践》第11期。

[17] 李淑梅等，2018，《消费者理性预期下的线上零售商定价与退款保证策略研究》，《软科学》第12期。

[18] 刘伟等，2016，《O2O电商平台在线点评有用性影响因素的识别研究——以餐饮行业O2O模式为例》，《中国管理科学》第5期。

[19] 刘咏梅等，2018，《考虑线下零售商服务成本差异的BOPS渠道整合》，《系统工程学报》第1期。

[20] 罗美玲等，2019，《多渠道供应链中的跨渠道退货服务策略研究》，《运筹与管理》第2期。

[21] 王宣涛等，2019，《考虑策略型消费者损失厌恶下的新产品预售与退货策略研究》，《系统工程理论与实践》第6期。

[22] 王玉燕等，2014，《基于消费者需求差异和渠道权力结构差异的 MT-CLSC 定价，效率与协调研究》，《中国管理科学》第 6 期。

[23] 吴晓志等，2014，《考虑在线补贴的零售商水平 O2O 供应链协调》，《中国管理科学》第 11 期。

[24] 张旭梅等，2018，《线上零售商退款保证下供应链定价与合同设计》，《预测》第 4 期。

[25] 赵思思等，2019，《考虑退货的电商企业承诺到货期与努力水平决策》，《管理工程学报》第 3 期。

[26] 周茂森等，2017，《规模经济的差异化竞争制造商集团采购的权力结构模型》，《管理工程学报》第 3 期。

[27] 周振红等，2019，《随机需求下考虑顾客策略行为的预售和退货策略》，《系统管理学报》第 2 期。

[28] Akiay，Y.，Boyaci，T.，Zhang，D. 2013. "Selling with Money-Back Guarantees：The Impact on Prices，Quantities，and Retail Profitability." *Production and Operations Management* 22 (4)：777 – 791.

[29] Akturk，M. S.，Ketzenberg，M.，Heim，G. R. 2018. "Assessing Impacts of Introducing Ship-to-store Service on Sales and Returns in Omnichannel Retailing：A Data Analytics Study." *Journal of Operations Management* 61 (7)：15 – 45.

[30] Alptekinoğlu，A.，Grasas，A. 2014. "When to Carry Eccentric Products? Optimal Retail Assortment under Consumer Returns." *Production and Operations Management* 23 (5)：877 – 892.

[31] Altug，M. S.，Aydinliyim，T. 2016. "Counteracting Strategic Purchase Deferrals：The Impact of Online Retailers' Return

Policy Decisions." *Manufacturing & Service Operations Management* 18 (3): 376 - 392.

[32] Balakrishnan, A., Sundaresan, S., Zhang, B. 2014. "Browse-and-switch: Retail-Online Competition under Value Uncertainty." *Production and Operations Management* 23 (7): 1129 - 1145.

[33] Bell, D. R., Gallino, S., Moreno, A. 2014. "How to Win in an Omnichannel World." *MIT Sloan Management Review* 56 (1): 44 - 53.

[34] Bell, D. R., Gallino, S., Moreno, A. 2015. "Showrooms and Information Provision in Omni-channel Retail." *Production and Operations Management* 24 (3): 360 - 362.

[35] Bell, D. R., Gallino, S., Moreno, A. 2018. "Offline Showrooms in Omnichannel Retail: Demand and Operational Benefits." *Management Science* 64 (4): 1629 - 1651.

[36] Besbes, O., Gur, Y., Zeevi, A. 2014. "Optimization in Online Content Recommendation Services: Beyond Click-Through Rates." *Manufacturing & Service Operations Management* 18 (1): 15 - 33.

[37] Bhardwaj, P., Sajeesh, S. 2017. "Strategic Revenue Sharing with Daily Deal Sites: A Competitive Analysis." *Decision Sciences* 48 (6): 1228 - 1261.

[38] Bian, J., Lai, K. K., Hua, Z. 2017. "Service Outsourcing under Different Supply Chain Power Structures." *Annals of Operations Research* 248 (1): 123 - 142.

[39] Blom, A., Lange, F., Hess, R. L. 2017. "Omnichannel-

based Promotions' Effects on Purchase Behavior and Brand Image." *Journal of Retailing and Consumer Services* 39 (11): 286 - 295.

[40] Cao, J., So, K. C., Yin, S. 2016. "Impact of an 'Online-to-store' Channel on Demand Allocation, Pricing and Profitability." *European Journal of Operational Research* 248 (1): 234 - 245.

[41] Chen X., Wang X., Jiang X. 2016. "The Impact of Power Structure on the Retail Service Supply Chain with an O2O Mixed Channel." *Journal of the Operational Research Society* 67 (2): 294 - 301.

[42] Chen, B., Chen, J. 2017. "When to Introduce an Online Channel, and Offer Money Back Guarantees and Personalized Pricing." *European Journal of Operational Research* 257 (2): 614 - 624.

[43] Chen, J., Bell, P. C. 2009. "The Impact of Customer Returns on Pricing and Order Decisions." *European Journal of Operational Research* 195 (1): 280 - 295.

[44] Chen, J., Chen, B., Li, W. 2018. "Who Should be Pricing Leader in the Presence of Customer Returns?" *European Journal of Operational Research* 265 (2): 735 - 747.

[45] Chen, L. G., Ding, D., Ou, J. 2014. "Power Structure and Profitability in Assembly Supply Chains." *Production and Operations Management* 23 (9): 1599 - 1616.

[46] Chen, Y., Iyer, G., Padmanabhan, V. 2002. "Referral Infomediaries." *Marketing Science* 21 (4): 412 - 434.

[47] Chiu, C. H. , Choi, T. M. , Tang, C. S. 2011. "Price, Rebate, and Returns Supply Contracts for Coordinating Supply Chains with Price-dependent Demands." *Production and Operations Management* 20 (1): 81 –91.

[48] Choi, S. C. 1991. "Price Competition in a Channel Structure with a Common Retailer." *Marketing Science* 10 (4): 271 –296.

[49] Chopra S. 2016. "How Omni-channel Can Be the Future of Retailing" . *Decision* 43 (2): 135 –144.

[50] Crocker, K. J. , Letizia, P. 2014. "Optimal Policies for Recovering the Value of Consumer Returns." *Production and Operations Management* 23 (10): 1667 –1680.

[51] Davis, S. , Hagerty, M. , Gerstner, E. 1998. "Return Policies and the Optimal Level of 'Hassle' ." *Journal of Economics and Business* 50 (5): 445 –460.

[52] Dennis, Z. Y. , Cheong, T. , Sun, D. 2017. "Impact of Supply Chain Power and Drop-shipping on a Manufacturer's Optimal Distribution Channel Strategy." *European Journal of Operational Research* 259 (2): 554 –563.

[53] Dzyabura D. , Jagabathula S. 2018. "Offline Assortment Optimization in the Presence of an Online Channel." *Management Science* 64 (6): 2473 –2972.

[54] Fang, F. , Gurnani, H. , Natarajan, H. P. 2018. "Leadership, Dominance, and Preeminence in a Channel Structure with a Common Retailer." *Decision Sciences* 49 (1): 65 –120.

[55] Fu, K. , Gong, X. , Liang, G. 2019. "Managing Perishable Inventory Systems with Product Returns and Remanufacturing."

Production and Operations Management 28 (6): 1366 – 1386.

[56] Gallino, S., Moreno, A., Stamatopoulos, I. 2017. "Channel Integration, Sales Dispersion, and Inventory Management." *Management Science* 63 (9): 2813 – 2831.

[57] Gao, F., Su, X. 2017. "Omnichannel Retail Operations with Buy-online-and-pick-up-in-store." *Management Science* 63 (8): 2478 – 2492.

[58] Gao, F., Su, X. 2017. "Online and Offline Information for Omnichannel Retailing." *Manufacturing & Service Operations Management* 19 (1): 84 – 98.

[59] Ghose, A., Mukhopadhyay, T., Rajan, U. 2007. "The Impact of Internet Referral Services on a Supply Chain." *Information Systems Research* 18 (3): 300 – 319.

[60] Griffis, S. E., Rao, S., Goldsby, T. J., et al. 2012. "The Customer Consequences of Returns in Online Retailing: An Empirical Analysis." *Journal of Operations Management* 30 (4): 282 – 294.

[61] Gu J. Z., Tayi G. K. 2017. "Consumer Pseudo-showrooming and Omni-channel Product Placement Strategies." *MIS Quarterly* 41 (2): 583 – 606.

[62] Gu, Z. J., Tayi, G. K. 2015. "Consumer Mending and Online Retailer Fit-Uncertainty Mitigating Strategies." *Quantitative Marketing and Economics* 13 (3): 251 – 282.

[63] Guide, V. D. R., Souza, G. C., Wassenhove, L. N. V., et al. 2006. "Time Value of Commercial Product Returns." *Management Science* 52 (8): 1200 – 1214.

[64] Ha, A., Long, X., Nasiry, J. 2015. "Quality in Supply Chain Encroachment." *Manufacturing & Service Operations Management* 18 (2): 280 - 298.

[65] He, Z., Cheng, T. C. E., Dong, J., et al. 2016. "Evolutionary Location and Pricing Strategies for Service Merchants in Competitive O2O Markets." *European Journal of Operational Research* 254 (2): 595 - 609.

[66] Heo, C. Y. 2016. "Exploring Group-buying Platforms for Restaurant Revenue Management." *International Journal of Hospitality Management* 52 (1): 154 - 159.

[67] Heydari J., Choi T. M., Radkhah S. 2017. "Pareto Improving Supply Chain Coordination under a Money-back Guarantee Service Program." *Service Science* 9 (2): 91 - 105.

[68] Hsiao, L., Chen, Y. 2014. "Return Policy: Hassle-free or Your Money-back Guarantee?" *Naval Research Logistics* 61 (5): 403 - 417.

[69] Hsiao, L., Chen, Y. J. 2015. "Retailer's Rationale to Refuse Consumer Returns in Supply Chains." *Naval Research Logistics* 62 (8): 686 - 701.

[70] Hu, X., Wan, Z., Murthy, N. N. 2019. "Dynamic Pricing of Limited Inventories with Product Returns." *Manufacturing & Service Operations Management* 21 (3): 479 - 711.

[71] Huang, H., Shen, X., Xy, H. 2016. "Procurement Contracts in the Presence of Endogenous Disruption Risk." *Decision Sciences* 47 (3): 437 - 472.

[72] Huang, Z., Feng, T. 2020. "Money-back Guarantee and Pri-

cing Decision with Retailer's Store Brand." *Journal of Retailing and Consumer Services* 52 (1): 1-12.

[73] Jin, M., Li, G., Cheng, T. C. E. 2018. "Buy Online and Pick Up In-store: Design of the Service Area." *European Journal of Operational Research* 268 (2): 613-623.

[74] Lee, C. H., Rhee, B. D. 2018. "Retailer-run Resale Market and Optimal Returns and Resale Policy." *European Journal of Operational Research* 268 (2): 504-514.

[75] Letizia, P., Pourakbar, M., Harrison, T. 2018. "The Impact of Consumer Returns on the Multichannel Sales Strategies of Manufacturers." *Production and Operations Management* 27 (2): 323-349.

[76] Li, W., Chen, J., Liang, G., et al. 2018. "Money-back Guarantee and Personalized Pricing in a Stackelberg Manufacturer's Dual-channel Supply Chain." *International Journal of Production Economics* 197 (3): 84-98.

[77] Li, Z., Gilbert, S. M., Lai, G. 2013. "Supplier Encroachment under Asymmetric Information." *Management Science* 60 (2): 449-462.

[78] Luo, Z., Chen, X., Chen, J., et al. 2017. "Optimal Pricing Policies for Differentiated Brands under Different Supply Chain Power Structures." *European Journal of Operational Research* 259 (2): 437-451.

[79] Luo, Z., Chen, X., Chen, J., et al. 2017. "Optimal Pricing Policies for Differentiated Brands under Different Supply Chain Power Structures." *European Journal of Operational Re-*

search 259 (2): 437 - 451.

[80] Luo, Z., Chen, X., Kai, M. 2018. "The Effect of Customer Value and Power Structure on Retail Supply Chain Product Choice and Pricing Decisions." *Omega* 77 (6): 115 - 126.

[81] MacCarthy, B. L., Zhang, L., Muyldermans, L. 2019. "Best Performance Frontiers for Buy-online-pickup-in-store Order Fulfilment." *International Journal of Production Economics* 211 (5): 251 - 264.

[82] Mann, D. P., Wissink, J. P. 1990. "Money-back Warranties vs. Replacement Warranties: A Simple Comparison." *The American Economic Review* 80 (2): 432 - 436.

[83] McWilliams, B. 2012. "Money-back Guarantees: Helping the Low-quality Retailer." *Management Science* 58 (8): 1521 - 1524.

[84] Mehra, A., Kumar, S., Raju, J. S. 2018. "Competitive Strategies for Brick-and-mortar Stores to Counter 'Showrooming'." *Management Science* 64 (7): 3076 - 3090.

[85] Niu, B., Mu, Z., Li, B. 2019. "O2O Results in Traffic Congestion Reduction and Sustainability Improvement: Analysis of 'Online-to-store' Channel and Uniform Pricing Strategy." *Transportation Research Part E: Logistics and Transportation Review* 122 (2): 481 - 505.

[86] Panda, S., Modak, N. M. 2016. "Exploring the Effects of Social Responsibility on Coordination and Profit Division in a Supply Chain." *Journal of Cleaner Production* 139 (12): 25 - 40.

[87] Qin, Z., Mambula, C., Huang, I. L. 2016. "Offering Mon-

ey-back Guarantees in the Presence of Strategic Consumers." *International Journal of Operations Research and Information Systems* 7 (3): 23 – 35.

[88] Rao, S., Rabinovich, E., Raju, D. 2014. "The Role of Physical Distribution Services as Determinants of Product Returns in Internet Retailing." *Journal of Operations Management* 32 (6): 295 – 312.

[89] Shang, G., Ferguson, M. E., Galbreth, M. R. 2019. "Where Should I Focus My Return Reduction Efforts? Empirical Guidance for Retailers." *Decision Sciences* 50 (4): 877 – 909.

[90] Shang, G., Ghosh, B. P., Galbreth, M. R. 2017. "Optimal Retail Return Policies with Wardrobing." *Production and Operations Management* 26 (7): 1315 – 1332.

[91] Shi, X., Dong, C., Cheng, T. C. E. 2018. "Does the Buy-online-and-pick-up-in-store Strategy with Pre-orders Benefit a Retailer with the Consideration of Returns?" *International Journal of Production Economics* 206 (12): 134 – 145.

[92] Shulman, J. D., Coughlan, A. T., Savaskan, R. C. 2009. "Optimal Restocking Fees and Information Provision in an Integrated Demand-supply Model of Product Returns," *Manufacturing & Service Operations Management* 11 (4): 577 – 594.

[93] Shulman, J. D., Coughlan, A. T., Savaskan, R. C. 2011. "Managing Consumer Returns in a Competitive Environment." *Management Science* 57 (2): 347 – 362.

[94] Viswanathan, S., Kuruzovich, J., Gosain, S., et al. 2007. "Online Infomediaries and Price Discrimination: Evidence From

the Automotive Retailing Sector." *Journal of Marketing* 71 (3): 89 - 107.

[95] Vyt, D., Jara, M., Cliquet, G. 2017. "Grocery Pickup Creation of Value: Customers' Benefits vs. Spatial Dimension." *Journal of Retailing and Consumer Services* 39 (11): 145 - 153.

[96] Wang, C., Chen, J., Chen, X. 2017. "Pricing and Order Decisions with Option Contracts in the Presence of Customer Returns." *International Journal of Production Economics* 193 (11): 422 - 436.

[97] Wang, C., Chen, J., Chen, X. 2019. "The Impact of Customer Returns and Bidirectional Option Contract on Refund Price and Order Decisions." *European Journal of Operational Research* 274 (1): 267 - 279.

[98] Wu, H., Cai, G. G., Chen, J., et al. 2015. "Online Manufacturer Referral to Heterogeneous Retailers." *Production and Operations Management* 24 (11): 1768 - 1782.

[99] Wu, J., Shi, M., Hu, M. 2015. "Threshold Effects in Online Group Buying." *Management Science* 61 (9): 2025 - 2040.

[100] Xia, Y., Xiao, T., Zhang, G. P. 2017. "The Impact of Product Returns and Retailer's Service Investment on Manufacturer's Channel Strategies." *Decision Sciences* 48 (5): 918 - 955.

[101] Xu, L., Li, Y., Govindan, K., et al. 2015. "Consumer Returns Policies with Endogenous Deadline and Supply Chain

Coordination. " *European Journal of Operational Research* 242 (1): 88 – 99.

[102] Xue, W., Demirag, O. C., Niu, B. 2014. "Supply Chain Performance and Consumer Surplus under Alternative Structures of Channel Dominance. " *European Journal of Operational Research* 239 (1): 130 – 145.

[103] Zhao F., Wu D., Liang L., et al. 2016. "Lateral inventory transshipment problem in online-to-offline supply chain. " *International Journal of Production Research* 54 (7): 1951 – 1963.

[104] Zhu, X. 2015. "Management the Risks of Outsourcing: Time, Quality and Correlated Costs. " *Transportation Research Part E: Logistics and Transportation Review* 90 (6): 121 – 133.

[105] ülkü, M. A., Gürler, ü. 2018. "The Impact of Abusing Return Policies: A Newsvendor Model with Opportunistic Consumers. " *International Journal of Production Economics* 203 (9): 124 – 133.

附录1

考虑在线零售商运营过程中的促销与企业社会责任因素，以补充扩展第二章和第三章的内容。随着电商的高速增长和市场竞争的加剧，产品促销已成为电商企业刺激销售的最主要途径之一，如阿里巴巴集团的"双十一购物狂欢节"，京东集团的"6·18店庆日"以及美国网络购物节"Cyber Monday"等。同时，随着经济的发展，越来越多的企业开始关注企业社会责任，即企业在追求自身利润最大化的同时，还关注供应链其他成员和消费者的利益，或者社会的可持续发展。例如，社会责任标准"SA8000"规定了供应商所供应的产品要符合社会责任标准；《中国工业企业及工业协会社会责任指南》规定了工业企业的社会责任行为准则、社会责任目标和指标；以及《社会责任指南》等。

假设在线零售商提供的产品促销服务努力水平为 e，这能够增加消费者购买产品而获得的效用，故当产品符合消费者需求时，消费者能够获得效用 $v-p+e$；与前文类似，当产品不符合消费者需求时，消费者不能获得效用，即 $v=0$，且促销服务对消费者不起作用。由此，可以得到消费者购买产品的预期净效用为 $E(u)=\lambda(v-p+e)-(1-\lambda)t$，其中 $\lambda(v-p+e)$ 表示产品符合消费者需求的概率为 λ 时，消费者获得的效用；$(1-\lambda)(p-p)$

和（1－λ）t 表示产品不符合消费者需求的概率为（1－λ）时，由于退货产生的消费者退货成本。然后，消费者依据 $\max\{E(u),0\}$ 来决策是否购买产品，可以求得在线零售商的产品需求为 $q=\int_{p-e+\frac{(1-\lambda)t}{\lambda}}^{1} 1dF(v)=1-p+e-\frac{(1-\lambda)t}{\lambda}$，其中 $F(v)$ 为 v 的累积分布函数。

分析企业社会责任。从消费者剩余概念的角度，根据马歇尔边际效用价值论，将消费者剩余定义为：消费者对某种商品所愿意付出的代价，超过它实际付出的代价的全额。希克斯对消费者剩余的定义为：价格降低后消费者所获得利益的货币表现。由此，可以发现，消费者剩余也可以看作由于价格下降，企业让渡给消费者的那部分价值。因此，消费者剩余通常被用来度量和分析社会福利、企业社会责任以及部分公平关切问题。然而，依据理性经济人假定，企业生产与消费者消费总是相互矛盾，二者均以最大化自身价值或利润为目标。并且，企业价值的提升就是以牺牲提供给消费者的消费者剩余为代价，而消费者得到的消费者剩余的增加又势必减少企业的价值。因此，当企业考虑社会责任时，假设企业通过让渡部分收益以提升消费者价值/消费者剩余来体现其企业社会责任。因此，在线零售商和制造商的效用函数 U_O、U_M 分别为：

$$U_O=(p-w)\lambda q-r(1-\lambda)q+k\alpha CS-\frac{1}{2}e^2$$

$$U_M=w\lambda q+(1-k)\alpha CS$$

在上述函数中，CS 为消费者剩余，由两部分组成：一是当产品符合消费者需求时，消费者支付了价格 p，获得效用 $v+e$，故消费者获得的净效用为 $v-p+e$；二是当产品不符合消费者需求时，由于消费者能够退货并获得全额退款，消费者仅损失退货成本 t。由此，可以得到：

$$CS = \lambda\int_{p-e+\frac{(1-\lambda)t}{\lambda}}^{1}(v-p+e)\mathrm{d}F(v)+(1-\lambda)\int_{p-e+\frac{(1-\lambda)t}{\lambda}}^{1}(-t)\mathrm{d}F(v) = \frac{[\lambda(1-p+e)-(1-\lambda)t]^2}{2\lambda}$$

在上式中，$\lambda\int_{p-e+\frac{(1-\lambda)t}{\lambda}}^{1}(v-p+e)\mathrm{d}F(v)$ 表示产品符合消费者需求时的消费者剩余，且消费者比例为 λ；$(1-\lambda)\int_{p-e+\frac{(1-\lambda)t}{\lambda}}^{1}(-t)\mathrm{d}F(v)$ 表示产品不符合消费者需求时的消费者剩余，且消费者比例为 $1-\lambda$。

根据效用函数 U_O 和 U_M，在线零售商与制造商进行 Stackelberg 博弈，交易过程为：首先，预期到在线零售商的最优定价和促销努力水平决策 $[p^*(w), e^*(w)]$，制造商以其效用最大化为目标确定产品批发价格 w；其次，依据制造商确定的 w，在线零售商以其效用最大化为目标同时决策产品零售价格和促销努力水平。采用逆向归纳法进行求解，可以得到制造商的最优批发价格决策 w^*，在线零售商的最优产品零售价格决策 p^* 以及最优促销努力水平 e^* 分别为：

$$w^* = \frac{[\lambda-(1-\lambda)r](2-\lambda-\alpha)+(1-\lambda)[2(\lambda+k\alpha)^2-2\lambda(\alpha+\lambda)+(3-8k)\alpha+2-\lambda]t}{\lambda[4-2\lambda-(1+k)\alpha]}$$

$$e^* = \frac{\lambda-(1-\lambda)(2\alpha t-t+r)}{4-2\lambda-(1+k)\alpha}, p^* = \frac{(1-\lambda)^2(r+2\alpha t-t)+(1-\lambda)(\gamma t-\lambda)+\lambda\gamma}{\lambda[4-2\lambda-(1+k)\alpha]}$$

根据制造商和在线零售商的最优决策，可以发现，制造商和在线零售商的最优决策会受到二者各自承担的社会责任比例以及消费者退货行为的共同影响。当消费者退货行为给在线零售商带来的损失较大时，在线零售商将通过提高产品零售价格来阻止部分可能退货的消费者购买产品；而制造商则需要实施低价策略来抑制在线零售商的高价策略，以抑制较高的零售价格给产品需求带来的不利影响。

结论 1 消费者退货成本对在线零售商最优定价与促销策略有如下影响：$\frac{\partial p^*}{\partial t}>0$；当 $\alpha>0.5$ 时，$\frac{\partial e^*}{\partial t}<0$；$\frac{\partial^2 p^*}{\partial t\partial\alpha}>0$，$\frac{\partial^2 e^*}{\partial t\partial\alpha}<0$。

结论 1 表明，当消费者退货成本较大时，在线零售商会提高产品零售价格，但却不一定会降低其促销努力水平，仅当社会责任强度系数较大（$\alpha>0.5$）时，在线零售商才会适当地提高其促销努力水平，来激励消费者购买产品。此外，还可以发现，社会责任强度系数也会抑制消费者退货成本对最优产品零售价格的不利影响，而当 $\alpha>0.5$ 时，社会责任强度系数则还会加剧消费者退货成本对促销努力水平的不利影响。

结论 2 社会责任强度系数对产品需求存在如下影响：当 $k<\min(\bar{k},1)$ 时，$\frac{\partial q^*}{\partial\alpha}<0$；$\frac{\partial^2 q^*}{\partial\alpha\partial t}<0$，$\frac{\partial^2 q^*}{\partial\alpha\partial t}<0$。

结论 2 表明，当在线零售商承担的社会责任比例较低时，在线零售商从制造商处的订货数量会随着社会责任强度系数的减小而降低。这是因为当在线零售商所承担的社会责任比例较低时，从自身纯利润最大化角度出发，在线零售商会提高产品零售价格，由此导致消费者剩余的损失。此外，还可以发现，当在线零售商承担的社会责任比例较低时，消费者退货成本和在线零售商退货损失也会加剧社会责任对产品需求的不利影响。

由于制造商和在线零售商的利润函数比较复杂，因此不得不借助数值模拟的方法来考察社会责任给二者带来的影响。设

置参数 $\lambda=0.7$，$t=0.1$，$r=0.2$，取 $\alpha=(0.1,0.5,0.9)$ 分别刻画社会责任强度系数较低、一般和较高三种情形。模拟结果见图 1、图 2。

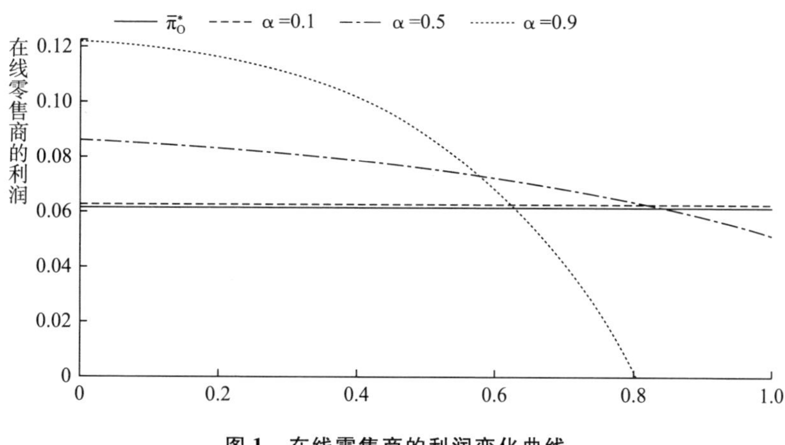

图 1　在线零售商的利润变化曲线

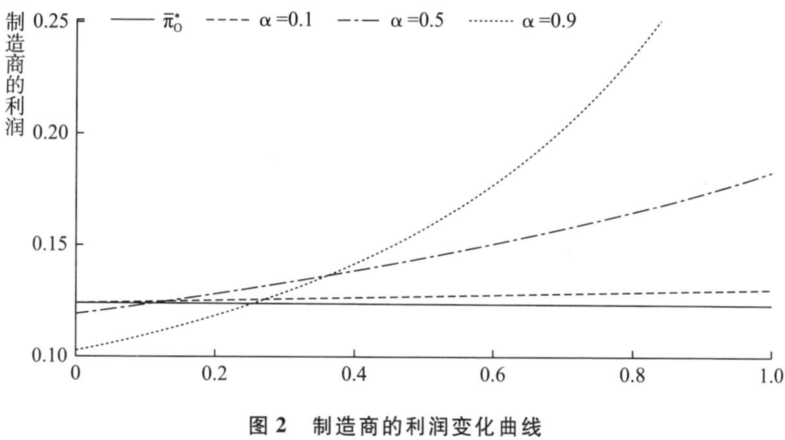

图 2　制造商的利润变化曲线

图 1 刻画了企业社会责任对在线零售商利润的影响，可以发现：在线零售商社会责任并不一定会对其利润造成不利影响，这取决于社会责任强度系数 α 与在线零售商所承担的社会责任比例 k 的大小；当 α 较小（$\alpha=0.1$）时，在线零售商的企业社会责任能够使其获得更多的利润；但当 α 较大（$\alpha=0.5$，0.9）

时，在线零售商的企业社会责任有可能导致其利润产生损失，这取决于其承担的社会责任比例的大小；当 α 较大（$\alpha=0.5$，0.9）时，存在一个 k 的临界值，在线零售商的企业社会责任能够有效提高其利润水平，且这一临界值总是会随 α 的增大而增大；在线零售商的利润总是会随其承担的企业社会责任比例的增大而减小，且 α 越大，在线零售商利润随 k 的变化越显著，表明当企业社会责任对在线零售商有利时，较大的 α 还有利于加强企业社会责任对在线零售商利润的有利影响；而当企业社会责任对在线零售商不利时，较大的 α 则会加剧企业社会责任对在线零售商利润的不利影响。

图 2 绘制了企业社会责任对制造商利润的影响，可以发现：制造商的企业社会责任并不一定会造成其利润损失，这取决于社会责任强度系数 α 与制造商所承担的社会责任比例（$1-k$）的大小；当 α 较小（$\alpha=0.1$）时，与在线零售商的情形类似，无论制造商的企业社会责任比例如何变化，制造商所承担的企业社会责任总是处于较低水平，因此总能获得更多的利润；但随着 α 的增大（$\alpha=0.5$，0.9），制造商的企业社会责任则有可能导致其利润产生损失，这取决于制造商所承担的社会责任比例的大小；当 α 较大（$\alpha=0.5$，0.9）时，存在一个 k 的临界值，若制造商所承担的企业社会责任比例大于这一临界值，则社会责任有利于提高制造商的利润；并且，这一临界值总是会随 α 的增大而增大；制造商获得的利润总是会随其承担的企业社会责任比例的增大而增大，且 α 越大，制造商利润随 k 的变化越显著。

附录 2

在附录 2 中，考虑在线零售商通过线下实体店来为消费者提供线下产品体验服务，但线上、线下渠道的消费者退货率不同以及实体店存在交叉销售，以补充扩展第四章、第五章、第六章、第七章的内容。当消费者选择直接在线上渠道购买产品时，消费者购买产品的预期净效用为 $u_O = \lambda(v-p) - (1-\lambda)t$。当消费者选择到实体店体验产品，考虑实体店购物环境、销售人员产品介绍、实物体验等能够增加消费者对产品的了解，并在一定程度上改善消费者的产品感知，因此假设通过实物体验能够提高产品符合消费者需求的概率，用 $\bar{\lambda}(\lambda \leqslant \bar{\lambda} < 1)$ 来表示，简称“线下匹配率”。若体验后产品符合消费者需求，考虑销售人员对产品的使用介绍可降低消费者学习成本，让消费者获得更多的产品使用价值，因此消费者获得效用 $v-p+e$，其中 e 为实体店提供的体验服务努力水平；若产品不符合消费者需求，体验服务对消费者不产生效果，消费者放弃购买。但不管消费者是否购买均产生参观实体店的麻烦成本 h，且 h 服从区间 $[0, \bar{h}]$ 上的均匀分布。由此，得到消费者参观实体店的预期净效用为 $u_S = \bar{\lambda}(v-p+e) - h$。

为了聚焦于在线零售商与实体店之间的合作激励研究，引入理性预期假设，即消费者对实体店体验服务的预期与实体店真实提供的体验服务一致。消费者根据效用最大化原则($\max\{0, u_O, u_S\}$)选择购买方式。因此，当参观实体店的消费者麻烦成本满足 $h \in \{h \mid u_O > u_S \geqslant 0\}$ 时，消费者选择直接在线上渠道购买产品；当 $h \in \{h \mid u_S > u_O \geqslant 0\}$ 时，消费者选择参观实体店体验产品；当 $h \in \{h \mid u_S = u_O \geqslant 0\}$ 时，消费者两种购买方式无差别；当 $h \in \{h \mid u_S < 0\}$ 且 $u_O < 0$ 时，消费者放弃购买产品。由此，可以得到选择直接在线上渠道购买产品的消费者数量（即“线下体验，线上购买”）为 $q_O = \frac{1}{\bar{h}}[\bar{h} - (\bar{\lambda} - \lambda)(v - p) - \bar{\lambda}e - (1 - \lambda)m]$，选择到实体店体验产品的消费者数量（即“线下体验”）为 $q_S = \frac{1}{\bar{h}}[(\bar{\lambda} - \lambda)(v - p) + \bar{\lambda}e + (1 - \lambda)m]$。其中，在“线下体验”的消费者数量 q_S 中，仅当产品符合消费者需求时才会选择购买，且这部分消费者获得的效用严格大于 u_S，因此，“线下体验，线上购买”的消费者数量为 $\bar{\lambda}q_S$。

在在线零售商与实体店合作过程中，考虑实体店接待的“线下体验”消费者数量越多，实体店所要支付的人工成本、店铺维护成本等越高，故假设实体店体验服务成本为 $C(e) = keq_S$，其中，k 为实体店服务成本系数。有 $\partial C(e)/\partial e > 0$，$\partial^2 C(e)/\partial e^2 > 0$。此外，考虑到“线下体验”消费者在参观实体店时，往往会伴随其他购买行为，给实体店带来额外的交叉销售收益，故假设每个“线下体验”消费者为实体店带来的交叉销售收益为 r。并且，实体店的交叉销售收益和体验服务努力水平均为其私有信息，在线零售商难于观测，故假定实体店交叉销售收益 r 存在两种可能：高交叉销售收益（r_H）和低交叉销售收益(r_L)($r_H > r_L$)。在不对称信息下，在线零售商不知晓实体店交叉销售收益类型，仅知道交叉销售收益为高或低类型的先验概率，为使本研究聚焦于 O2O 特征，且不失一般性，假设在线零售商关于实体店交叉销售收益为高或低类型的先验概率相等。为激励实体店投入努力，在线零售商根据实体店的“线下体验，线上购买”，消费者数量 $\bar{\lambda}q_S$ 设计佣金契约（α，β），其中，α 为固定支付，β 为佣金率。

依据上述模型假设，可以得到实体店的期望利润函数 π_S 为

$$\pi_S = \alpha + \beta p\bar{\lambda}q_S + rq_S - C(e)$$

当消费者选择退货时，考虑在线零售商往往承担退货产品的再次库存、再包装等成本，假定在线零售商将发生退货成本 g。同时考虑到在线零售商的产品销售成本为常量，为便于分析，统一标准化为零。得到在线零售商的期望利润函数 π_O 为

$$\pi_O = -\alpha + (1-\beta)p\bar{\lambda}q_S + p\lambda q_O - g(1-\lambda)q_O$$

与第六章的求解方法类似，在个体理性约束和激励相容约束下，可以求得在线零售商设计的最优佣金契约$\{\alpha_i^*,\beta_i^*\}$（$i=H$，L）为：

$$\begin{cases} \beta_H^* = \dfrac{b_2}{\bar{\lambda}p}, \alpha_H^* = \alpha_L^* - \dfrac{\bar{\lambda}p(\beta_H^* - \beta_L^*)[(\beta_H^* + \beta_L^*)p\bar{\lambda}^2 + 2\bar{\lambda}r_L + 2kb_1]}{4k\bar{h}}; \\ \beta_L^* = \dfrac{b_2 - (r_H - r_L)}{\bar{\lambda}p}, \alpha_L^* = \bar{\pi} - \dfrac{[(\beta_L^*\bar{\lambda}p + r_i)\bar{\lambda} - kb_1]^2}{4\bar{\lambda}k\bar{h}}. \end{cases}$$

当实体店交叉销售收益类型为 i 时，根据线上零售商给定的佣金契约$\{\alpha_i^*,\beta_i^*\}$，然后实体店根据其交叉销售收益类型从中选择最有利的佣金契约，并付出相应的服务努力 e_i^*。将$\{\alpha_i^*,\beta_i^*\}$和 e_i^* 分别代入在线零售商和实体店的期望利润函数，可得 π_{Oi}^*、

π_{Si}^{*}。根据线上零售商设计的佣金契约，可以知道，针对不同交叉销售收益类型的实体店，在线零售商设计佣金契约的激励目的不一样。当实体店为高交叉销售收益类型时，在线零售商应给予实体店较高的佣金率（$\beta_H^* > \beta_L^*$），侧重于对实体店努力付出的激励；当实体店为低交叉销售收益类型时，在线零售商侧重于对实体店参与合作积极性的激励（$\alpha_H^* < \alpha_L^*$）。这是因为实体店努力付出除了受到佣金率的影响之外，还与其交叉销售收益呈正相关关系（$\partial e_i^*/\partial r_i > 0$），相对于低交叉销售收益类型的实体店，佣金率对高收益类型实体店的激励效率更高；此外，实体店交叉销售收益可弥补其体验服务成本支出，但在高交叉销售收益类型实体店下，更高的体验服务成本需要在线零售商支付更多的固定支付，以调动实体店参与合作的积极性。

此外，还可以发现，实体店线下产品展示，连接线上产品和“线下体验”消费者之间的信息传递，缓解消费者对产品价值（即产品是否符合消费者需求）的不确定性，能有效遏制消费者的退货行为，降低在线零售商线上销售的退货率。可以验证，不存在实体店时在线零售商的产品退货率为 $1-\lambda$，而存在实体店时的产品退货率为 $(1-\lambda)q_O(e_i^*)/[q_O(e_i^*)+\lambda q_S(e_i^*)]$，显然，$(1-\lambda)q_O(e_i^*)/[q_O(e_i^*)+\lambda q_S(e_i^*)]<1-\lambda$。

结论 1　不对称信息下，在线零售商和消费者退货成本对均衡结果的影响：

（1）$\dfrac{\partial \alpha_i^{A^*}}{\partial g}<0$，$\dfrac{\partial \beta_i^{A^*}}{\partial g}>0$；$\dfrac{\partial^2 \alpha_i^{A^*}}{\partial \lambda \partial g}>0$，$\dfrac{\partial^2 \beta_i^{A^*}}{\partial \lambda \partial g}<0$；

（2）$\dfrac{\partial e_i^{A^*}}{\partial g}>0$，$\dfrac{\partial e_i^{A^*}}{\partial t}<0$；当 $k<\bar{\lambda}$ 时，$\left|\dfrac{\partial e_i^{A^*}}{\partial g}\right|>\left|\dfrac{\partial e_i^{A^*}}{\partial t}\right|$。

结论 1 表明，在线零售商应根据其退货成本的大小，调整佣金契约参数以达到对实体店的不同激励效果。当在线零售商退货成本较高时，在线零售商将增大对实体店体验服务努力付出的激励，以增加“线下体验”消费者的数量和减少“直接购买”消费者的数量，从而降低“直接购买”消费者退货行为给在线零售商带来的损失。随着在线零售商退货成本的增加，在线零售商将降低固定支付。其原因是在线零售商退货成本较高时，在线零售商给予实体店的收益共享部分佣金（即佣金率部分）增加，较小的固定支付即可补偿实体店成本支出和达到其保留收益水平的目的。并且，匹配率也会影响佣金契约（可以验证 $\partial\alpha_i^* / \partial\lambda > 0$，$\partial\beta_i^* / \partial\lambda < 0$），可以发现，在线零售商退货成本也会抑制匹配率对最优固定支付的不利影响，加剧匹配率对佣金率的不利影响。

结论 1 还揭示了在线零售商和消费者退货成本对实体店努力付出的影响。实体店服务努力随在线零售商退货成本的增加而增大，随消费者退货成本的增加而减小。并且，当实体店服务成本系数较低时，在线零售商退货成本对实体店努力付出的有利影响要大于消费者退货成本所产生的不利影响。其原因是，一方面，在线零售商退货成本对实体店努力付出的影响是通过佣金率的变化来实现的，是实体店“被激励行为”，实体店服务成本增加；另一方面，消费者退货成本对实体店努力付出的影响是实体店“主动行为”，即随着消费者退货成本的增加，“线下体验”的消费者增多，道德风险的存在使实体店降低其努力付出，从而实现服务成本的节约。平衡这两方面的影响取决于实体店服务成本系数的大小，仅当服务成本系数较低（$k < \overline{\lambda}$）时，在线零售商退货成本对实体店努力付出的有利影响占主导；反之，当服务成本系数较高（$k > \overline{\lambda}$）时，消费者退货成本对实体店努力付出的不利影响占主导。

结论 2 分别用 Δ_{Oi}、Δ_{Si} 来表示实体店交叉销售对在线零售商和实体店利润的影响，可以得到：

（1）$\Delta_{OH}>0$；当 $r_L>\dfrac{\bar{\lambda}r_H^2}{2[kb_1+\bar{\lambda}(b_2+r_H)]}$ 时，$\Delta_{OL}>0$；

（2）$\Delta_{SH}>0$；$\Delta_{SL}=0$。

结论 2 表明，交叉销售不总是对在线零售商有利。若实体店为高交叉销售收益类型，在线零售商获得的交叉销售价值总是为正；若实体店为低交叉销售收益类型，仅当交叉销售收益大小超过某一阈值时，在线零售商才能获得正的交叉销售价值。这是因为在高交叉销售收益类型实体店下，尽管在与不存在交叉销售情形下的佣金率相等，但交叉销售的存在会对实体店努力付出产生额外激励；另外，交叉销售的存在降低了实体店参与合作的“门槛”，故在线零售商较小的固定支付即可达到激励实体店参与合作的目的。也就是说，交叉销售收益能够部分替代固定支付的激励作用，在线零售商固定支付支出得到节约，这两方面共同决定了 $\Delta_{OH}>0$。此外，即使不存在不对称信息，在线零售商也能够获得正的交叉销售价值。当实体店为低交叉销售收益类型时，交叉销售收益对在线零售商存在三方面的影响：其一，在线零售商更低的佣金率导致实体店的努力付出降低；其二，在线零售商降低给予实体店的固定支付；其三，交叉销售的存在会激励实体店努力付出。平衡这三方面的影响取决于交叉销售收益的大小，当交叉销售收益较大，为 $r_L>\bar{\lambda}r_H^2/2[kb_1+\bar{\lambda}(b_2+r_H)]$ 时，交叉销售收益对实体店努力付出的激励作用和固定支付的节约占主导，在线零售商的期望利润增加；当交叉销售收益较小，为 $r_L<\bar{\lambda}r_H^2/2[kb_1+\bar{\lambda}(b_2+r_H)]$ 时，佣金

率的降低对实体店努力付出的不利影响占主导，在线零售商的期望利润降低，为 $\Delta_{OL}<0$。

而对于实体店而言，交叉销售并不能为其带来额外收益。若实体店为高交叉销售收益类型，尽管存在 $\Delta_{SH}>0$，但这只是实体店从交叉销售收益信息优势中获取的信息租金；若实体店为低交叉销售收益类型，则 $\Delta_{SL}=0$。这是因为交叉销售的存在，在线零售商总是策略性地设计佣金契约，利用实体店交叉销售的自我激励作用节约佣金支付。具体分析，在高交叉销售收益类型实体店下，实体店获得的交叉销售收益和增加的收益共享部分收入等于固定支付的减少和体验服务努力成本的支出；在低交叉销售收益类型实体店下，实体店交叉销售除了需要替代部分佣金率的激励作用，还要弥补固定支付的减少和体验服务努力的成本支出。

图书在版编目(CIP)数据

在线零售商运营决策：基于消费者退货行为的分析 / 金亮著. -- 北京：社会科学文献出版社，2020.3
ISBN 978-7-5201-6349-1

Ⅰ.①在… Ⅱ.①金… Ⅲ.①零售业-电子商务-运营管理 Ⅳ.①F713.365.1

中国版本图书馆 CIP 数据核字（2020）第 037674 号

在线零售商运营决策
——基于消费者退货行为的分析

著　者 / 金　亮

出 版 人 / 谢寿光
组稿编辑 / 高　雁
责任编辑 / 颜林柯
文稿编辑 / 李吉环

出　版 / 社会科学文献出版社·经济与管理分社（010）59367226
地址：北京市北三环中路甲 29 号院华龙大厦　邮编：100029
网址：www.ssap.com.cn
发　行 / 市场营销中心（010）59367081　59367083
印　装 / 三河市尚艺印装有限公司

规　格 / 开　本：787mm×1092mm　1/16
印　张：13.5　字　数：157 千字
版　次 / 2020 年 3 月第 1 版　2020 年 3 月第 1 次印刷
书　号 / ISBN 978-7-5201-6349-1
定　价 / 138.00 元